तिः । सुहृदः पुण्यकृत्यां द्विषन्तः पापकृत्यां गृह्णन्तीति । तथा चात्मवित् संसारं तीर्त्वा ब्रह्मानन्दमिहैव प्राप्नोति । तरति शोकमात्मविदित्यादिश्रुतेः ।

तनुं त्यजतु वा काश्यां श्वपचस्य गृहेऽथवा ।
ज्ञानसम्प्राप्तिसमये मुक्तोऽसौ विगताशयः ।

इति स्मृतेश्च ।

॥ इति तत्त्वबोधाख्यग्रन्थः समाप्तः ॥

उपन्यास

युवराज चूण्डा

युवराज चूण्डा

भगवतीचरण वर्मा

राजकमल प्रकाशन

ISBN : 978-81-267-0577-1

मूल्य : ₹695

पहला संस्करण : 1978
चौथा संस्करण : 2024

प्रकाशक : राजकमल प्रकाशन प्रा. लि.
1-बी, नेताजी सुभाष मार्ग, दरियागंज
नई दिल्ली-110 002

शाखाएँ : अशोक राजपथ, साइंस कॉलेज के सामने, पटना-800 006
पहली मंजिल, दरबारी बिल्डिंग, महात्मा गांधी मार्ग, प्रयागराज-211 001
1, अनमोल सोराबजी सन्तुक लेन, मरीन लाइंस, मुम्बई-400002
वेबसाइट : www.rajkamalprakashan.com
ई-मेल : info@rajkamalprakashan.com

मुद्रक : बी.के. ऑफसेट
नवीन शाहदरा, दिल्ली-110 032

YUVRAJ CHOONDA
Novel by Bhagwati Charan Verma

युवराज चूण्डा

पहला परिच्छेद

चैत का प्रथम सप्ताह था, यानी होली का त्यौहार बीत चुका था। बसन्त ऋतु की मादकता समस्त वातावरण में व्याप्त थी। संध्याकाल के समय दिन की गर्मी से चित्तौड़वासियों को त्राण मिला था। तो, राणा लाखा का दरबार लगा हुआ था—दरबारे-आम नहीं, दरबारे-खास यानी ऐसा दरबार, जिसमें साधारण जनता भाग नहीं लेती थी। केवल राणा लाखा के कुछ विशेष कृपापात्र सामन्तगण, कुछ निकट के मित्रगण, कुछ कलावन्त, कुछ पण्डितगण एकत्रित होते थे। आमोद-प्रमोद का दौर चलता था। औपचारिकता का कहीं नामोनिशान नहीं, खुलकर हँसी-मजाक चल रहा था। कुछ देर पहले ही केसरिया भाँग का दौर चल चुका था—नशा गमक रहा था। बसन्त ऋतु की मस्ती के साथ भाँग के नशे की मस्ती उस समय उस दरबार में उपस्थित लोगों की आँखों में झलक रही थी। राणा लाखा विशेष रूप से प्रसन्न थे। जावरा में टीन की खानों के मिलने का समाचार प्रात:काल उन्हें मिला था। उस टीन में चाँदी प्रचुर मात्रा में मिली थी। साधारण जनता में चाँदी का प्रचलन गहनों के रूप में तो होता ही था, राजस्थान के राजाओं, सामन्तों एवं महाजनों में चाँदी का व्यवहार खाने-पीने के बर्तनों के रूप में होता था, और सबसे बड़ी बात यह है कि हर जगह चाँदी का प्रयोग सिक्कों के रूप में प्रचलित था। साधारण जन में चाँदी मिलती ही नहीं थी। चाँदी में ही सम्पदा सीमित हो गई थी। तो जावरा में टीन और चाँदी की खानों के मिलने से मेवाड़ के सामन्तों में हर्ष और उल्लास का दौर

चलना स्वाभाविक ही था। क्रय-विक्रय का माध्यम चाँदी का सिक्का होने के कारण मेवाड़ का राज्य समृद्धि के सपनों में खोया हुआ था।

तभी बाहर से तुरही और नगाड़ों का स्वर सुनाई पड़ा। राणा लाखा चौंक पड़े। वह उठकर इस सबका कारण जानने को जाना ही चाहते थे कि एक प्रतिहारी ने दरबार में प्रवेश किया, "क्षमा हो महाराज! गढ़ के मुख्य द्वार पर दो-तीन सौ सैनिकों तथा अनुचरों का दल आया है। किले का फाटक बन्द कर दिया गया है, लेकिन उन सैनिकों की मुद्रा में युद्ध का आभास नहीं है। वे चित्तौड़गढ़ में प्रवेश की आज्ञा चाहते हैं।"

राणा लाखा इतमीनान से बैठ गए, उन्होंने पूछा, "कौन हैं वे लोग? कहाँ से उनका आना हुआ है? उनके मुखिया को यहाँ उपस्थित किया जाए!"

राणा लाखा का यह कहना था कि एक सरदार-सा दिखनेवाला व्यक्ति प्रतिहारी के पीछे से आगे बढ़ा, "महाराज की जय हो! मैं मारवाड़ के राव रणमल का सामन्त आया हूँ। मारवाड़ के राठौर राव रणमल मेवाड़ के सिसौदियों से सम्बन्ध स्थापित करने को उत्सुक हैं। तो, राजा रणमल ने अपनी बेटी के लिए मेवाड़ में नारियल भेजा है। राव रणमल के छोटे भाई राव रतनदेव नारियल के साथ फाटक पर खड़े हैं।"

सामन्त जगता ने ताली बजाते हुए कहा, "राठौर राव रणमल अपनी बेटी सिसौदियों को देना चाहते हैं—राठौर सामन्त के लिए विजया मँगाई जाए!"

राणा लाखा हँस पड़े, "विजया नहीं, कुसम्मा का प्रबन्ध कराया जाए इनके लिए।" और उन्होंने प्रतिहारी से कहा, "फाटक खोल दो! हमारे दौ सौ सैनिक मेवाड़ युवराज चूण्डा की अध्यक्षता में जाकर मारवाड़ के सैनिकों को ठहराने की व्यवस्था करें।"

प्रतिहारी ने उत्तर दिया, "अन्नदाता! कँवर जू तो पण्डितों की सभा में गए हैं, अभी तक नहीं लौटे हैं।"

सामन्त रूपा ने कहा, "कँवर जू कहीं साधू-संन्यासी न बन जाएँ। न उन्हें विजया से रुचि, न मदिरा का प्रेम, न कुसम्मा के प्रति मोह। दिन-रात घूमना, आखेट करना, किसानों के खेतों में जाकर उनसे बातें करना, पण्डितों के प्रवचन सुनना!"

सामन्त जगता ने सामन्त रूपा को मीठी डाँट पिलाई, "कँवर जू की बदौलत ही मेवाड़ में चार नये तालाब बने हैं। जावरा में चाँदी मिली है!" और वह भावातिरेक

में बोल उठा, "युवराज चूण्डा की जय! महाराज लाखा की जय!"

करीब दो मिनट तक यह जय-जयकार का हंगामा चलता रहा और मानो पूरी सभा को याद आ गया कि मारवाड़ का नारियल चित्तौड़ में प्रवेश की प्रतीक्षा कर रहा है।

स्वयं राणा लाखा ने इस जय-जयकार के क्रम को समाप्त किया। गम्भीर स्वर में वह बोले, "युवराज के लिए नारियल आया है, उनका गढ़ के फाटक पर जाना उचित न होगा। जगता, तुम जाकर राव रतनदेव तथा उनके सैनिकों का स्वागत करो! राव रतनदेव को सीधे यहाँ लाओ। पुरोहितों एवं अनुचरों और सैनिकों को अतिथिशाला में ठहराने की व्यवस्था करके एक घड़ी में नारियल एवं पुरोहितों को यहाँ लाओ—राव रतनदेव महल में ही ठहरेंगे।" और इस बार उन्होंने अपने निजी सेवक से कहा, "मातंगा! देख, युवराज के लौटने का समय हो रहा है। उनके आते ही उन्हें यहाँ भेज देना।"

प्राय: आध घंटे बाद राव रणमल के छोटे भाई राव रतनदेव ने पुरोहितों के साथ दरबार में प्रवेश किया। राव रतनदेव ने राणा लाखा का विधिवत् अभिवादन करके विनय की, "महाराज, राठौर-कुल-शिरोमणि राव रणमल ने अपनी पुत्री राजकुमारी गुणवती को सिसौदिया-कुल में ब्याहने के लिए नारियल भेजा है।"

"इस नारियल का स्वागत है।" राणा लाखा ने कहा। और तभी सिसौदियों को चाँदी की कटोरियो में घुला हुआ कुसम्मा (अफीम) प्रस्तुत किया गया। कुसम्मा का दौर समाप्त होने पर राणा लाखा की विनोदप्रियता जागी। अपनी सफेद दाढ़ी पर हाथ फेरते हुए वह बोले, "मेवाड़ के राणा लाखा विधुर हैं और अब तो वह वानप्रस्थ आश्रम ग्रहण करने की सोच रहे हैं। स्पष्ट रूप से अब नया ब्याह रचाने की उनकी अवस्था पार हो चुकी है। तो उनके लिए तो, यह नारियल आया न होगा।" और अपने मजाक पर वह स्वयं हँस पड़े।

"आप ठीक कहते हैं महाराज! यह नारियल युवराज चूण्डाजी के लिए आया है।" राव रतनदेव ने कहा, "वैसे आपको वृद्ध कहनेवाला मूर्ख ही समझा जाएगा।"

सारी सभा इस भद्दे मजाक पर जी खोलकर हँस रही थी। तभी अचानक युवराज चूण्डा ने उस सभा में प्रवेश किया।

युवराज चूण्डा उस दिन बुरी तरह थके और झुँझलाए हुए थे। प्रात:काल वह सिंह का शिकार करने निकले—उन दिनों मेवाड़ में गुजरात से सिंहों के एक समूह ने प्रवेश करके आतंक मचा रखा था, लेकिन पता चला कि सिंहों का वह समूह

फिर गुजरात चला गया। सूर्यास्त के पहले वह लौटे, तो पण्डितों के प्रतिनिधियों ने नासिक और काशी से पधारे हुए दो पण्डितों में शास्त्रार्थ का निर्णायक बनने का उनसे आग्रह किया और चूण्डा उस शास्त्रार्थ में चले गए। शास्त्रार्थ में कुछ गरमागरमी बढ़ी और मारपीट की नौबत आ गई। दोनों पण्डित घी-दूध पर पले थे, हृष्ट-पुष्ट, तो युवराज चूण्डा को इन दोनों की मारपीट मल्ल-युद्ध में न परिणत हो जाए—इसे रोकने के लिए अपने बाहुबल का प्रयोग करना पड़ा था। तो वह जब राजभवन लौटे, उनमें थकावट के साथ झुँझलाहट भी थी। कुछ ऐसा लगता है कि चूण्डा ने दरबार-कक्ष में प्रवेश करते समय राणा लाखा और राव रतनदेव की बातचीत सुन ली थी। दरबार में प्रवेश करते ही युवराज ने अपने पिता के चरण छुए, "आज्ञा!"

"अपना स्थान ग्रहण करो!" राणा लाखा बोले, "मारवाड़ के राव रणमल ने अपनी पुत्री के लिए नारियल भेजा है तुम्हारे लिए। सिसौदियों और राठौरों का यह सम्बन्ध सौभाग्यशाली होगा।"

युवराज चूण्डा बैठे नहीं। थकावट और झुँझलाहट, उस पर धर्म के अनेकों रूपों में उनकी विचित्र आस्थाएँ! उन्होंने खड़े-खड़े ही शान्त स्वर में उत्तर दिया, "राठौरों की राजकुमारी आपके कथन के अनुसार अब मेरी माता के समान बन गई हैं—यह नारियल तो अब महाराणा लाखा के लिए हो चुका है, क्योंकि महाराणा ने स्वयं यह कहा है।"

सारी सभा युवराज चूण्डा के उस कथन पर स्तब्ध रह गई। राणा लाखा थोड़ी देर तक विस्मय के साथ चूण्डा को देखते रहे। अपने पुत्र की सनक से थोड़ा-बहुत वह परिचित तो थे ही। फिर विनोदप्रियता का स्थान गम्भीरता ने ले लिया, "युवराज, यह बात तो मैंने मजाक में कही थी!"

युवराज ने तनकर उत्तर दिया, "महाराज! सिसौदियों के प्रमुख का पवन वज्र की भाँति अकाट्य और कठोर होता है। मारवाड़ की राजकुमारी अब मेरी माता बन चुकी हैं।"

गम्भीरता ने क्रोध का रूप धारण कर लिया, "तुम्हारा यह कथन अज्ञान से भरा हठ है—सारी सभा मेरी बात से सहमत होगी।"

इसके पहले कि सभा अपनी सहमति प्रकट करती, युवराज ने सिर झुकाकर विनम्र किन्तु दृढ़ता से भरे शब्दों में कहा, "ज्ञान और अज्ञान से परे विश्वास और आस्था की संज्ञा है, ऋषियों ने उसे धर्म का नाम दिया है। एक बार जिसे मैंने मन

से और वचन से माता के रूप में स्वीकार कर लिया है, उसे अपनी पत्नी के रूप में स्वीकार करने की मैं परिकल्पना ही नहीं कर सकता। राजपण्डित आचार्य त्रिलोचन से व्यवस्था ले लीजिए।"

इसके पहले कि राजपण्डित आचार्य त्रिलोचन से व्यवस्था देने को कहा जाए, वह उठकर बगल के द्वार से बाहर खिसक रहे थे। राणा लाखा के मुख पर क्रोध की रेखाएँ अंकित हो गईं, वह एकाएक बोल उठे, "तो फिर ऐसा ही होगा। मैं मारवाड़ का नारियल वापस नहीं करूँगा, स्वयं मैं अपने लिए स्वीकार करूँगा। लेकिन एक बात याद रखना, मारवाड़ की राजकुमारी से यदि मेरा कोई पुत्र होगा, तो वही तुम्हारे स्थान पर मेवाड़ राज्य का उत्तराधिकारी होगा। तुम्हें मेरा यह निर्णय स्वीकार है?"

आकाश की ओर हाथ उठाकर युवराज चूण्डा ने कहा, "भगवान एकलिंग, देवों और पितरों को साक्षी देकर मैं चूण्डा वचन देता हूँ कि मारवाड़ की राजकुमारी से उत्पन्न महाराणाजी का पुत्र ही मेवाड़ का भावी राणा होगा, मैं नहीं।"

सामन्तों ने एक स्वर में कहा, "यह कैसे सम्भव है? मेवाड़ की राजगद्दी का उत्तराधिकारी महाराणा का ज्येष्ट पुत्र ही हो सकता है—मेवाड़ के राजकुल का विधान तो यही है। इसे कैसे बदला जा सकता है?"

राणा लाखा का हठ अपनी चरमसीमा पर पहुँच गया था। कठोर स्वर में उन्होंने कहा, "समस्त विधान मनुष्यों द्वारा ही बनाए गए हैं। हम पिता-पुत्र स्वेच्छा से इस नये विधान की रचना कर रहे हैं—संयुक्त रूप से इस विधान पर सहमत होकर। क्यों कुँवर चूण्डाजू, क्या इसमें तुम्हें कोई आपत्ति है?"

"लेशमात्र भी नहीं। अति प्राचीन काल में अर्थात् द्वापर युग के महाभारतकाल में महाराजा शान्तनु के निषाद-कन्या मत्स्यगन्धा से विवाह करने के समय युवराज भीष्म ने कुछ ऐसा ही वचन देकर अपने को राज्याधिकार से वंचित कर लिया था। भीष्म ने तो आजन्म ब्रह्मचारी रहकर विवाह न करने का वचन तक दे दिया था और अन्त समय तक उन्होंने अपना वचन निभाया भी था। लेकिन मेरा विवाह हो चुका है, इसलिए मैं यह वचन देने की स्थिति में नहीं हूँ।"

एकाएक राणा लाखा की अपने पुत्र के प्रति समस्त ममता जाग पड़ी, क्रोध का स्थान गहरी आन्तरिक वेदना ने ले लिया। उनकी आँखों में आँसू उमड़ आए, "नहीं-नहीं युवराज चूण्डाजू, तुम्हारी धर्म पर निष्ठा और तुम्हारी कर्तव्यपरायणता के प्रति क्रोध और हठ की अवस्था में मुझसे अन्याय हो गया है। मैं तुमसे इस प्रकार का

वचन नहीं लेता, न मैं तुम्हें तुम्हारे अधिकारों से वंचित करता हूँ। भगवान एकलिंग तुम्हारा कल्याण करें और तुम्हें जीवन में सफल और सुखी बनाएँ।"

चूण्डा ने इस बात का कोई उत्तर नहीं दिया, वह उलटे पैर दरबार-कक्ष से बाहर चला गया। कुछ देर बाद सुव्यवस्थित होकर राणा लाखा ने राव रतनदेव की ओर देखा, "सबकुछ तुमने देखा और सुना है। बड़ी विवशता की अवस्था में मुझे यह नारियल अपने लिए स्वीकार करना पड़ रहा है। तुम्हें अधिकार है कि तुम यह नारियल वापस ले जाओ।"

सिर झुकाकर रतनदेव ने उत्तर दिया, "यह नारियल मेवाड़ के राजकुल के लिए आया है—चाहे मेवाड़ के शासक के लिए, चाहे मेवाड़ के उत्तराधिकारी के लिए। यह नारियल वापस नहीं जाएगा, महाराणाजी को ही अर्पित होगा।"

राणा लाखा ने प्रतिहारी से कहा, "आचार्य त्रिलोचन को इसी समय बुलाओ, महल से बाहर वह नहीं गए होंगे, और वेदी रचाने की व्यवस्था करो!" फिर उन्होंने रतनदेव की ओर देखा, "वेदी रचायी जा रही है। आप लोग दो घड़ी बाद कुछ विश्राम करके तथा उपहार लेकर यहीं आ जाइए।"

और फिर एक ठंडी साँस लेकर राणा लाखा स्वयं अपने से ही बोले—अदृश्य का क्या विधान है, कोई नहीं जानता! हम सब विवश हैं—कुछ भी तो नहीं है हमारे हाथ में।

दूसरा परिच्छेद

मारवाड़ का प्रदेश राजस्थान का एक विस्तृत मरुभूमि का प्रदेश है, जहाँ बीच-बीच में उपजाऊ भूमि के खंड उभरे हुए हैं, जहाँ कुओं में पानी है, जहाँ हरियाली और खेती होती है। रणमल के पुत्र जोधा ने बाद में वहाँ जोधपुर नाम का नगर बसाया था। उसके पहले तो उस प्रदेश में अनेक ग्राम इधर-उधर बिखरे हुए थे, भयानक संघर्षों और अभाव का जीवन वे व्यतीत कर रहे थे।

कन्नौज में मुसलमानों के हाथ जयचन्द की पराजय के बाद राठौर क्षत्रियों के एक बहुत बड़े दल ने भागकर राजस्थान मरुप्रदेश की शरण ली थी, और मारवाड़ प्रदेश राठौरों का प्रदेश बन गया था। मारवाड़ के शासक की राजधानी का नाम क्या था? इसका उल्लेख इतिहास में नहीं मिलता, कुछ उसे मण्डावर कहते हैं, कुछ उसे मन्दौर कहते हैं, लेकिन वह राजधानी कोई बड़ा ग्राम ही था, जहाँ राजसी वैभव का अभाव था और जहाँ के लोग घोर परिश्रम और संघर्षों का जीवन बिताते हुए फिर से शील-संचय करने में प्रयत्नशील थे। रणमल की पुत्री का नाम गुणवती था और वह रूपवती राजकुमारी थी। मेवाड़ के राणा लाखा की रानी के रूप में वह अपने को भाग्यशालिनी समझती थी। विवाह के दो वर्ष बाद ही गुणवती ने पुत्र को जन्म दिया जिसका नाम मुकुलजी रखा गया।

गुणवती से अपने विवाह के बाद राणा लाखा एकबारगी और भोगविलास में डूब गए। एक तरह उसके बाद कुँवर चूण्डाजी के हाथ में मेवाड़ का शासन-सूत्र

आ गया था। उन्होंने पूरे प्रदेश को सुख-सम्पन्न बना दिया। उधर दिल्ली में बादशाहों के राजकुल एक के बाद एक बदल रहे थे, स्थायित्व नहीं था लेकिन किसी प्रकार वे बादशाहत करते जा रहे थे। जितना भाग उन्होंने अपने वश में कर लिया था, वह वैसा का वैसा ही सही-सलामत था, पर अधिक विस्तार रुक गया था।

थोड़े-से काल के लिए राजस्थान की भूमि पर दिल्ली के मुसलमान बादशाहों के आक्रमण का खतरा टल गया था। वैसे अगर राजस्थान के राजपूत राजा संयुक्त रूप से दिल्ली की बादशाहत पर आक्रमण करते तो वे उसका अन्त कर सकते थे लेकिन आपसी कलह और विग्रह के कारण यह सम्भव नहीं था। ये राजपूत आपस में लड़-कट रहे थे, अपनी विलासिता और चरित्रहीनता में डूबे हुए। अगर कोई प्रदेश निरापद और सम्पन्न था तो वह मेवाड़ था। युवराज चूण्डा का चारों ओर आतंक था।

मारवाड़ का शासक राव रणमल वीरपुरुष था या नहीं था, इसका उल्लेख तो इतिहास के पृष्ठों में नहीं मिलता, लेकिन उसके ऊपर विलासिता और चरित्रहीनता का कलंक अवश्य था। अत्यन्त भोगी और विलासी, उसके राज्य में स्वयं उसकी ही स्थिति सुदृढ़ और निरापद नहीं थी। मेवाड़ के राजकुल से सम्बन्ध स्थापित करने से उसकी स्थिति सुदृढ़ हो गई थी।

गुणवती के साथ अनेक दास-दासियाँ मारवाड़ से मेवाड़ आए थे और इन लोगों में मारवाड़ के राजवंश के भी कुछ लोग थे। ये लोग मारवाड़ की मरुभूमि के जीवन से ऊब गए थे। इस तरह मारवाड़ के कुछ राठौरों को मेवाड़ में शरण मिली थी।

जहाँ तक गुणवती का प्रश्न था, वह सत्रह-अठारह वर्ष की युवती थी, भोली-भाली और निष्कलंक। मेवाड़ की राजरानी बनकर वह अपने को धन्य समझने लगी थी। स्त्रियोचित गुण-अवगुण सभी मौजूद थे उसमें। पतिव्रता, धार्मिक प्रवृत्तियों से युक्त, साथ ही राग-द्वेष के सभी अवगुणों से युक्त! मेवाड़निवासी दास-दासियों और मारवाड़ से आए हुए दास-दासियों में कुछ दिनों तक प्रतिद्वंद्विता रही, लेकिन समय के साथ प्रतिद्वंद्विता कम होने लगी थी।

गुणवती के पुत्र-जन्म के उपलक्ष्य में जो उत्सव हुआ वह लगातार एक महीने तक चलता रहा। उस उत्सव में अपने ज्येष्ठ पुत्र जोधा के साथ राव रणमल भी आए थे, अनेक उपहारों के साथ।

रणमल का ज्येष्ठ पुत्र जोधा वीर और तेजस्वी युवक था, प्राय: कुँवर चूण्डाजी

का समवयस्क! वह अपने पिता के विपरीत चरित्रवान और सात्विक प्रवृत्तियों वाला था। मेवाड़ आकर उसने राजवैभव और सम्पन्नता का नया रूप देखा। चूण्डाजी की कार्यकुशलता उसने देखी, और उसे लगा कि अगर वह चूण्डाजी के समान कर्मठ बने तो वह मारवाड़ के समस्त राठौरों को संगठित करके शक्तिशाली शासक बन सकता है। राव रणमल के मारवाड़ लौटने के एक सप्ताह बाद चूण्डा को अपना गुरु बनाकर वह भी लौट गया।

मेवाड़ के शासन एवं मेवाड़ की प्रजा के प्रति राणा लाखा को जो मोह था, वह रानी गुणवती में सिमट गया था। वैसे दिखावे के लिए एक यंत्र की भाँति वह दरबार लगाते थे, लेकिन वह दरबार आमोद-प्रमोद का केन्द्र ही रहता था। समस्त राज्य-व्यवस्था तो युवराज चूण्डा के हाथ में थी और चूण्डा ही दरबार में राणा लाखा के प्रतिनिधि के रूप में सामन्तों से परामर्श करता था। इस तरह पाँच-छह वर्ष बीत गए।

उस दिन बसन्तोत्सव मनाया जा रहा था चित्तौड़ के दरबार में। केसर में रँगे पीत वस्त्र धारण किये हुए राणा लाखा सिंहासन पर आरूढ़ थे। नाच-रंग चल रहा था। उसी समय प्रतिहारी ने सूचना दी कि सुदूर गया के पण्डों का एक दल राणा लाखा के पास फरियाद लेकर आया है। राणा लाखा को उस उत्सव में वह व्याघात पसन्द नहीं आया, उन्होंने प्रतिहारी से कहा, "उन्हें अतिथिशाला में ठहरा दो, एक सप्ताह बाद जब बसन्तोत्सव समाप्त हो जाए तब मैं उनसे मिलने का समय दूँगा।"

कुँवर चूण्डा उस समय उस सभा में मौजूद थे। उन्होंने हाथ जोड़कर राणा लाखा से विनय की, "महाराज, शरणागत की तत्काल बात सुनना ही उचित होगा। प्राय: तीन-साढ़े तीन सौ कोस की कठिन यात्रा करके आए हैं। कोई बहुत बड़ी विपत्ति पड़ी होगी उनके ऊपर। आज्ञा हो तो मैं उनसे मिलकर उनकी बात सुन लूँ।"

चूण्डा के इस कथन से राणा लाखा चौंक उठे, जैसे उनमें एकाएक फिर से सोयी हुई चेतना जाग पड़ी हो। कुछ देर तक वह अपलक युवराज चूण्डा को देखते रहे, फिर उनके मुख पर जैसे संकल्प से युक्त एक हल्की-सी मुस्कान प्रस्फुटित हुई, "युवराज, तुम्हें धन्यवाद कि तुमने मुझे मोह-निद्रा से अचानक जगा दिया। मैं विगत छह-सात वर्षों से इस मोह-निद्रा में पड़कर अपनी कर्तव्यनिष्ठा खोता चला जा रहा था।" फिर उन्होंने प्रतिहारी से कहा, "उनको तत्काल दरबार में उपस्थित करो।"

गया के पण्डित जगन्नाथ मिश्र की अध्यक्षता में बारह पण्डों का शिष्टमण्डल राणा लाखा के सम्मुख उपस्थित हुआ। राग-रंग कुछ समय के लिए स्थगित कर दिया गया। पण्डों ने राणा लाखा का अभिवादन करके उन्हें आशीर्वाद दिया, फिर पण्डित जगन्नाथ मिश्र ने विनयपूर्वक हाथ जोड़कर कहा, "राणा की जय हो! हिन्दू धर्म के रक्षक राणा लाखा से हम पितरों की भूमि के पण्डे गया से अपनी और धर्म की फरियाद लेकर आए हैं।"

"स्पष्ट रूप से अपनी बात कहें।" युवराज चूण्डा ने गम्भीर स्वर में कहा।

जगन्नाथ मिश्र ने अपनी बात स्पष्ट की, "महाराज! दिल्ली के शासकों ने पितरों की भूमि पर आक्रमण करके गया पर अधिकार कर लिया है। पूर्व में जितने भी हिन्दू नरेश हैं उन्होंने बादशाह की गुलामी स्वीकार कर ली है, वह भोगविलास का जीवन व्यतीत कर रहे हैं। कुछ थोड़े-से धर्मनिष्ठ नरेशों ने दिल्ली के बादशाह की सेना का मुकाबला किया और युद्ध करते समय सद्गति को प्राप्त हुए। हारकर विवशता की हालत में हम लोग मेवाड़ के राणा लाखा की शरण में आए हैं।"

राणा लाखा मौन भाव से कुछ देर तक सोचते रहे। भोग-विलास से युक्त अकर्मण्यता ने जैसे उन्हें काफी प्रभावित कर लिया था। कमजोर स्वर में वह बोले, "तो तुम्हारा प्रयोजन है कि सुदूर गया में मेवाड़ के सैनिक जाकर बादशाही सेना पर आक्रमण करें और गया को मुक्त कराएँ! राह में न जाने कितने राज्य हैं, उन्हें पार करना होगा।"

इसके पहले कि राणा लाखा कुछ और कहें, युवराज चूण्डा बोल उठे, "आप लोग निश्चिन्त रहें। दूसरों पर आक्रमण करके उनका भाग छीनना हमारे धर्म में वर्जित माना गया है। लेकिन अपनी और अपने धर्म की रक्षा करना हमारे धर्म में पुण्य कार्य है। तो, पितरों की भूमि गया को मुक्त करने के लिए मैं चुने हुए सैनिकों के साथ चलूँगा। धर्म की रक्षा में क्षत्रिय कभी पीछे नहीं रहे। इस बार भी पीछे नहीं रहेंगे। आप यहाँ से निराश नहीं लौटेंगे।"

राणा लाखा का ध्यान इन पण्डों से हटकर बसन्तोत्सव मनानेवाले अपने दरबार में उपस्थित समुदाय की ओर गया। एक ओर से लेकर दूसरी ओर तक उनकी नजर घूमी—नर्तकियों का समूह, मदिरा के पात्र, विलासिता के समस्त उपक्रम। और एक भयानक ग्लानि से वह भर गए। फिर पण्डित जगन्नाथ पर अपनी नजर जमाकर वह बोले, "सुनी तुमने युवराज चूण्डा की बात! आज मुझे अनुभव हो रहा है कि इस

विशाल आर्यभूमि पर कुछ थोड़े-से विदेशी शासकों के आधिपत्य तथा हिन्दू धर्म के विनाश का कारण हम क्षत्रियों की विलासिताजनित कायरता है। मैं स्वयं अपने सम्बन्ध में सोच रहा हूँ। इस परिपक्व अवस्था में, जब मुझे माया-मोह छोड़कर धर्म पर पूर्ण रूप से केन्द्रित हो जाना चाहिए था, मैं इस विलासिता के जीवन में डूब गया हूँ। आप लोग जैसे मुझे ज्ञान देने और मुझे सही मार्ग दिखाने आए हैं। तो युवराज चूण्डा नहीं, स्वयं मैं राणा लाखा अपनी सेना के साथ पितरों की भूमि गया की रक्षा करने चलूँगा। युवराज चूण्डा मेवाड़ को सुदृढ़ बनाने का काम करते रहेंगे, साथ ही समस्त राजस्थान को एकता के सूत्र में बाँधकर बादशाहत से आर्यभूमि को मुक्त करने का प्रयास भी करते रहेंगे।"

चूण्डा ने हाथ जोड़कर कहा, "महाराज! धर्म की रक्षा करने का भार हम युवा क्षत्रिय वीरों पर है।"

चूण्डा की बात अधूरी रह गई, राणा लाखा ने दृढ़तापूर्वक कहा, "क्षत्रिय मृत्युपर्यन्त बूढ़ा नहीं होता चूण्डाजू। मेरी मोह-निद्रा टूट चुकी है। सैनिकों को तैयारी करने का आदेश दे दो। जीवन की अन्तिम बेला में धर्म की रक्षा करने का पुण्य मुझे अर्जित कर लेने दो। तुम्हारे सामने तो अभी लम्बा जीवन है।" और राणा लाखा उठ खड़े हुए, "एक पक्ष बाद आज के दिन ही मेरी अध्यक्षता में मेवाड़ की सेना गया की ओर प्रस्थान करेगी—मेरा यह आदेश है। राणा लाखा की चेतना लौट आई है—एकलिंग भगवान की जय।"

"एकलिंग भगवान की जय। राणा लाखा की जय।" सभा जय-जयकार के घोष से गूँज उठी।

राणा लाखा ने युवराज चूण्डा को आदेश दिया, "इन पण्डों के ठहरने की समुचित व्यवस्था की जाय और एक सप्ताह के अन्दर सैनिक एकत्र कर लिये जाएँ।" और राणा लाखा बिना उत्तर की प्रतीक्षा किये दरबार से चले गए।

सभा विसर्जित हो गई। सिर झुकाए हुए समस्त दरबारी एवं अतिथि चले गए।

चित्तौड़ में गया के युद्ध की तैयारियाँ जोरों के साथ होने लगीं। मेवाड़ के पाँच हजार सैनिक चित्तौड़ में चार दिन के अन्दर ही एकत्रित हो गए, धन का, रसद का समस्त प्रबन्ध कर लिया गया। एक विचित्र उत्साह और दृढ़ता का वातावरण चित्तौड़ में व्याप्त था।

छठे दिन राणा लाखा ने अपना दरबार किया। समस्त राजवंश के सदस्य तथा

मेवाड़ के सामन्तगण एकत्रित थे उस दरबार में। पुरोहित, मंत्रीगण और षष्ठीगण सभी बुलाए गए। तिल रखने की जगह भी नहीं बची थी। सब लोगों के एकत्रित हो जाने पर राणा लाखा ने दरबार में प्रवेश किया। एकत्रित लोगों ने खड़े होकर राणा लाखा की जय-जयकार की। राणा के सिंहासन पर बैठने के बाद सब लोग अपने-अपने स्थान पर बैठ गए। राणा लाखा ने आरम्भ किया, "मैं मेवाड़ का अधिपति, सिसौदिया वंश का अग्रज, अपने पितरों की भूमि गया को अत्याचारों से मुक्त करने के लिए युद्ध-अभियान पर अपनी सेना के साथ गया जा रहा हूँ। मुझे लगता है कि मुझे वहाँ वीरगति प्राप्त होगी। और अगर मैं गया को मुक्त कराके जीवित रहा तो भी अब चित्तौड़ वापस नहीं लौटूँगा। सांसारिक सुख-सम्पन्नता को छोड़कर मैं लम्बी तीर्थयात्रा पर निकल जाऊँगा।"

"ऐसा न कहें महाराज!" एक स्वर में सब लोग बोल उठे।

"आप लोग शान्त रहें, मैंने बहुत सोच-विचार के साथ अपने निर्णय लिये हैं। और आप सब लोग जानते हैं कि मेरा निर्णय अकाट्य और अडिग होता है। तो अब मेरे सामने मेवाड़ की राजगद्दी का प्रश्न है। इस अवसर पर मैं युवराज चूण्डाजी का मेवाड़-नरेश के रूप में राजतिलक करूँगा। युवराज चूण्डा, आगे आओ!"

चूण्डा अपने स्थान से आगे नहीं बढ़े, उठकर उन्होंने राणा लाखा को हाथ जोड़े—"महाराज की जय हो! लेकिन मेवाड़ की राजगद्दी के अधिकारी कुँवर मुकुलजी हैं, राणाजी सात वर्ष पहले इस दरबार में यह निर्णय ले चुके हैं।"

"कैसा निर्णय? मैंने उस समय अगर आवेश में आकर कुछ कह दिया तो उसकी सार्थकता नहीं। मैं अपना निर्णय बदल भी सकता हूँ।"

चूण्डा ने दृढ़ता से भरे विनम्र स्वर में कहा, "राणाजी के अधिकार और निर्णय के विरुद्ध कुछ कहने की धृष्ठता मैं नहीं करूँगा, लेकिन मैं चूण्डाजी 'एकलिंग भगवान' और पितरों की साक्षी देकर अपना वचन दे चुका हूँ कि मेवाड़ का भावी शासक मैं नहीं हूँगा, मारवाड़ की राजकुमारी से जन्मा पुत्र होगा।" और अपने स्थान से चलकर वह रानी गुणवती के पास पहुँचे जिसकी गोद में कुँवर मुकुलजी बैठे थे। मुकुलजी को गोद में लेकर चूण्डा ने राणा लाखा के सम्मुख खड़ा कर दिया, "महाराज! अपने उत्तराधिकारी का राजतिलक स्वयं करें।"

सारी सभा स्तब्ध रह गई। चूण्डा के इस अपूर्व त्याग तथा धर्मनिष्ठा को सब लोग चकित होकर देख रहे थे, मानो उन्हें विश्वास ही न हो रहा हो।

राणा लाखा ने करुण स्वर में कहा, "यह अभी अबोध बालक है। मेवाड़ के शासन का भार यह कैसे सँभाल सकेगा?"

"राणा मुकुलजी की सेवा में मैं जो हूँ!" चूण्डाजी बोले, "राजकाज पूर्ववत चलता रहेगा, यह जिम्मेदारी पूरी तरह मेरी है, आप इसकी लेशमात्र चिन्ता न करें। राणा मुकुलजी के वय-प्राप्त होने पर मैं इन्हें सब-कुछ सौंपकर अलग हो जाऊँगा। राणा मुकुलजी मेवाड़ के गौरव होंगे। महाराज, मुकुलजी को राजलितक करके अपने वचन की और मेरे वचन की रक्षा कीजिए।"

राणा लाखा की आँखों में आँसू आ गए, "चूण्डाजू, तुम्हारे जैसा चरित्रवान, धर्मनिष्ठ, वीर, धीर और गम्भीर पुत्र पाकर मैं धन्य हूँ। तुम्हारे भाइयों के इलाके मैं निर्धारित किये देता हूँ। मुकुलजी को गद्दी पर बैठाकर और उसे तुम्हारे संरक्षण में सौंपकर मैं निश्चिन्त और आश्वस्त हो गया हूँ। अब मैं संकल्प और दृढ़ता के साथ गया के युद्ध-अभियान पर जा रहा हूँ। वहाँ से मैं अब मेवाड़ वापस नहीं लौटूँगा। सेना को मेवाड़ वापस भेजकर मैं लम्बी तीर्थयात्रा पर निकल जाऊँगा—अगर जीवित रहा, नहीं तो धर्म के लिए वीरगति प्राप्त करके स्वर्ग की यात्रा करूँगा।" और आचार्य त्रिलोचन की ओर घूमकर उन्होंने कहा, "आचार्य! अगले सप्ताह किसी शुभ मुहूर्त में मुकुलजी का राजतिलक हो जाए! प्रातःकाल मुकुलजी का राजतिलक करके संध्या के समय ससैन्य गया की यात्रा पर निकल पड़ूँगा। और चूण्डाजू, तुम मेवाड़ के सर्वप्रथम सामन्त रहोगे। कौन-सा इलाका तुम्हारे लिए तथा कौन-सा तुम्हारे छोटे भाई रघुदेव के लिए निर्धारित किया जाए?"

"इलाका महाराज, रघुदेव के लिए निर्धारित कर दें। जहाँ तक मेरा प्रश्न है, मेरे भुजदंडों में बल है। मैं स्वयं मेवाड़ से सुदूर भूमि को विजय करके अपने लिए इलाका प्राप्त कर लूँगा।"

सारी सभा हर्ष-ध्वनि कर उठी।

"जैसी तुम्हारी इच्छा! तुम समर्थ हो, धर्मवान हो। इतिहास में तुम्हारा नाम अमर रहेगा। लेकिन मैं आदेश देता हूँ कि मेवाड़ के राजपत्रों पर मेवाड़ के राजचिह्नों के साथ तुम्हारा निजी राजचिह्न अंकित होगा।"

यह कहकर राणा लाखा उठ खड़े हुए।

तीसरा परिच्छेद

एक सप्ताह के अन्दर ही गया के लिए युद्ध-यात्रा की तैयारियाँ पूरी हो गईं।

मेवाड़ की पाँच हजार राजपूतों की सेना—पैदल, घुड़सवार चित्तौड़ में एकत्रित हो गए। रसद, खेमे आदि न जाने कितना सामान ऊँटों पर लदा हुआ। और मुकुलजी के राज्याभिषेक एवं राणा लाखा के ससैन्य प्रस्थान की एक ही तिथि रखी गई। मेवाड़ के समस्त सामन्तगण आमंत्रित थे मुकुलजी के राज्याभिषेक में भाग लेने के लिए। उन सामन्तों में अनेक तो राणा लाखा के साथ युद्ध-यात्रा में जाने का आग्रह कर रहे थे। प्रात:काल राज्याभिषेक का मुहूर्त था।

प्रात:काल जब दरबार में सब सामन्तगण राज्याभिषेक के अवसर पर एकत्रित हुए, राणा लाखा ने युद्ध-यात्रा में सम्मिलित होने का आग्रह करनेवाले सामन्तों को अपने साथ चलने का निषेध करते हुए कहा कि मुकुलजी अभी शिशु हैं और जब तक दिल्ली का शासन शत्रुओं के हाथ में है तब तक राजस्थान की भूमि निरापद और सुरक्षित नहीं है। मेवाड़ राज्य और राणा मुकुलजी की रक्षा करने के लिए सामन्तों का मेवाड़ में रहना ही उचित होगा।

सामन्तों में एक तरह का विक्षोभ भी था कि मेवाड़ का राज्य चूण्डाजी को न मिलकर मुकुलजी को क्यों मिल रहा है। इसका उत्तर देते हुए स्वयं युवराज चूण्डाजी ने कहा, "इसमें मेवाड़ के महाराणा का कोई दोष नहीं है। मैंने अपने पिता के साथ मारवाड़ की राजकुमारी के विवाह के अवसर पर यह वचन दिया

था कि मारवाड़ की राजकुमारी से जो सन्तान होगी, मेवाड़ के राज्य का अधिकारी वही होगा। महाराणा तो मेवाड़ का अधिपति मुझे बनाना चाहते थे, लेकिन मैंने महाराणा को अपने वचन की रक्षा करने का आग्रह करके स्वयं मेवाड़-नरेश का पद स्वीकार नहीं किया। मैंने प्राणपण से राणा मुकुलजी की सेवा करने का व्रत ले लिया है। आप लोग शान्त हो जाएँ।"

राणा लाखा ने अपने अधिकार का प्रयोग करते हुए कैलवाड़ा का इलाका चूण्डाजी के छोटे भाई रघुदेव को प्रदान कर दिया। उन्होंने चूण्डाजी को आदेश दिया कि वह उन्हें विशेषाधिकार देते हैं, वह राणा मुकुलजी के वयस्क होने पर राज्य-भार सँभालने के पहले अपने लिए जो भी इलाका चाहें ले सकते हैं। साथ ही उन्होंने लिखित आदेश भी दिया कि मेवाड़ के राज-चिह्नों के साथ चूण्डाजी का अपना निजी चिह्न भी सम्मिलित कर लिया जाए; चूण्डाजी के महान त्याग के सम्मान में।

बहुत छोटा-सा सीधा-सादा उत्सव था, मुकुलजी के राज्याभिषेक का। रानी गुणवती के इस आग्रह की पूर्ति सम्भव नहीं थी कि राव रणमल या उनका कोई पुत्र इस उत्सव में सम्मिलित हो—समयाभाव के कारण।

राज्याभिषेक के उत्सव के ठीक बाद वहीं दूसरा उत्सव आरम्भ हुआ। आचार्य त्रिलोचन ने राणा लाखा को वानप्रस्थ तथा संन्यासाश्रम की एकसाथ दीक्षा दी, क्योंकि राणा लाखा ने गया से मेवाड़ न लौटने का व्रत ले लिया था। सभी सामन्तों ने राणा लाखा का विधिवत अभिनन्दन किया। इस उत्सव में अपनी धाय की गोद में पाँच वर्ष की अवस्था के राणा मुकुलजी राजगद्दी पर बैठे थे। और उस अबोध शिशु की समझ में नहीं आ रहा था कि वह सब क्या हो रहा है। राणा मुकुलजी की संरक्षिका के रूप में राजसिंहासन की बगल में एक सिंहासन पर राजमाता गुणवती भी बैठी थीं।

दीक्षा लेने के बाद लाखा ने मुकुलजी को आशीर्वाद दिया और अनायास ही लाखा तन गए। तनिक कड़े स्वर में उन्होंने कहा, "राणा मुकुलजी के संरक्षक होने का अधिकार राणा लाखा ने कुंवर चूण्डाजू को सौंपा है—संरक्षक का स्थान बलिष्ठ भुजाओंवाले चूण्डाजी को मिलना चाहिए।"

श्रीहत-सी और अपने-आपको अपमानित-सी समझती हुई रानी गुणवती अपने स्थान से उठ खड़ी हुई। स्थिति की गम्भीरता चूण्डाजी से छिपी नहीं रही। उसने

बढ़कर गुणवती के चरण छुए, "यह स्थान भावनात्मक रूप से राजमाता का ही है, इसके विपरीत पिताजी ने जो आज्ञा दी है वह राज-हित में ही समझी जानी चाहिए। मैं आपको वचन देता हूँ कि मैं जीवनपर्यन्त आपके आदेशों के अनुसार राणाजी की संरक्षता का भार वहन करूँगा।" और यह कहकर चूण्डा ने संरक्षक का स्थान ग्रहण किया।

लाखा के मुख पर एक मुस्कान आई, "चूण्डाजी, मुझे तुमसे यही आशा थी।" और इस बार वह रानी गुणवती से बोले, "राजमाता, मैं जानता हूँ कि अपने पुत्र पर माता की असीम ममता होती है, और कुँवर मुकुलजू की समस्त देखभाल का भार तुम पर है। लेकिन राज-काज को नारी नहीं समझ पाती, उसमें व्यावहारिक बुद्धि का अभाव होता है। वह दूसरों पर सहज ही विश्वास कर लेती है। मैंने अभी जो आदेश दिया वह मुकुलजू के हितों को ध्यान में रखकर ही दिया है। राणा मुकुलजी अभी अबोध हैं, और राजतंत्र षड्यंत्रों से घिरा होता है। किसी पर विश्वास नहीं किया जा सकता। तुम जानती हो कि सिसौदिया वंश के नियमों के अनुसार मेवाड़ राज्य के उत्तराधिकारी चूण्डाजू हैं, लेकिन उन्होंने जबरदस्ती अपनी इच्छा से मेवाड़ की राजगद्दी का परित्याग किया है। चूण्डाजू वीर हैं, चरित्रवान, कुशल प्रशासक हैं, तलवार के धनी होने के साथ अपने वचनों के धनी हैं—वह मनुष्य के रूप में देवता हैं, चूण्डाजी पर कभी अविश्वास न करना।"

समस्त सभा ने चूण्डाजी की जय-जयकार की। रानी गुणवती के मुख पर सन्तोष की रेखा अंकित हो गई, उन्होंने चूण्डाजी को आशीर्वाद दिया और राणा लाखा के चरण छुए। फिर वहाँ से हटकर वह दूसरी जगह पर बैठ गईं। चूण्डाजी ने संरक्षक का स्थान ग्रहण किया।

कुछ रुककर राणा लाखा ने कहा, "राज्य-त्याग के कुछ पूर्व मैंने राजाज्ञा दे दी है कि भविष्य में मेवाड़ के राजचिह्न के साथ कुँवरजू का राजचिह्न, जो तलवार है, अंकित होगा। मैंने चूण्डाजू से अपना इलाका ले लेने को कहा है लेकिन उन्होंने अपना इलाका स्वयं जीतकर लेने का निर्णय किया है, मेवाड़ राज्य के ही अन्तर्गत।" सामन्तों ने फिर चूण्डाजी की जय-जयकार की। जय-जयकार समाप्त होने पर राणा लाखा ने अपनी बात पूरी की, "तो मुकुलजी के वयस्क होने पर चूण्डाजू मेवाड़ राज्य के अन्दर या मेवाड़ की सीमा से लगे हुए इलाके को मेवाड़ में सम्मिलित करके अपना इलाका स्वयं ले लेंगे तथा अनन्त काल तक मेवाड़ के राजचिह्न के

साथ चूण्डाजू का राजचिह्न सम्मिलित कर लिया जाएगा। इस व्यवस्था पर किसी सामन्त को कोई आपत्ति तो नहीं है?"

एक स्वर में सब सामन्तों ने कहा, "हम लोगों को यह व्यवस्था स्वीकार है।"

उदयन तिथि के अनुसार वह बैसाख मास की पूर्णिमा का दिन था। लेकिन पंचांग के अनुसार दोपहर के समय प्रतिपदा की तिथि लग गई थी। आचार्य त्रिलोचन ने कमजोर स्वर में राणा लाखा से कहा, "महाराज, युद्ध-यात्रा के लिए प्रस्थान आज न करके परसों करें। आज मध्याह्न काल प्रतिपदा लग गई है और कल उदयन तिथि प्रतिपदा रहेगी। प्रतिपदा के दिन किसी भी शुभ कार्य के लिए यात्रा वर्जित है।"

लेकिन राणा लाखा हठ पकड़ गए थे, "मैं संन्यास आश्रम ले चुका हूँ, संन्यासी के लिए शुभ-अशुभ तिथि कोई नहीं होती।"

और उसी दिन चन्द्रोदय होते ही शुभ्र चाँदनी में राणा लाखा अपनी पाँच हजारी सेना के साथ गया की युद्ध-यात्रा पर निकल पड़े। उनके साथ कुँवर चूण्डा अपने कुछ अंगरक्षकों के साथ राणा लाखा को विदा करने के लिए मेवाड़ की सीमा तक साथ हो लिये।

प्रात:काल प्राय: चार बजे के समय सेना चम्बल नदी के तट पर पहुँच गई, जहाँ मेवाड़ की सीमा समाप्त होती थी। दिन-भर के लिए वहाँ पड़ाव डाल दिया गया। चम्बल नदी के उत्तर में शत्रु बादशाह का राज्य था और राणा लाखा की सेना के आगे बढ़ने पर वहीं से युद्ध प्रारम्भ हो जाता। सामन्तों एवं सेनापतियों ने निर्णय लिया कि चम्बल नदी के दक्षिणवाला मार्ग ही निरापद रहेगा। चम्बल नदी इटावा में यमुना में गिरती है। और इसके बाद प्रयाग तक यमुना के दक्षिण तटवाला मार्ग ही सेना के लिए निरापद समझकर पूर्व की ओर अग्रिम दल दोपहर तक रवाना कर दिये गए—आगे की स्थिति का पता लगाने के लिए।

संध्या के समय राणा लाखा की सेना चम्बल से आगे पूर्व में सुदूर गया की ओर चल पड़ी। राणा लाखा और उनकी सेना को विदा करके युवराज चूण्डा अपने अंगरक्षकों के साथ चित्तौड़ की ओर लौट पड़े।

प्रात:काल चूण्डाजी ने चित्तौड़ में प्रवेश किया, चित्तौड़ नगरी श्रीविहीन-सी पड़ी थी। चित्तौड़ लौटकर प्रथम काम जो चूण्डा ने किया वह था राजमाता गुणवती को अपने वापस लौटने की सूचना देना। राजमाता गुणवती ने तत्काल चूण्डाजी को

अपने महल में बुलाया। राजमाता गुणवती राणा मुकुलजी के साथ थीं। चूण्डाजी ने बालक राणा मुकुलजी का हँसते हुए औपचारिक अभिवादन किया और फिर गुणवती के चरण छुए।

राजमाता गुणवती के साथ एक व्यक्ति और था—मँझोले कद का, स्थूलकाय, अवस्था प्राय: पचास वर्ष की। यज्ञोपवीत धारण किये हुए, मस्तक पर तिलक, पीताम्बर ओढ़े हुए। रानी गुणवती ने कहा, "कुँवरजू, यह आचार्य सुधाकर हैं। मन्दौर से आए हैं। वहाँ के राजपुरोहित आचार्य गुणाकर के ज्येष्ठ भाई हैं। काशी में आचार्य थे। पिताजी ने राणा मुकुल के राज्याभिषेक का समाचार प्राप्त करके अपने उपहारों के साथ इन्हें भेजा है। ये कल संध्याकाल यहाँ पहुँचे हैं।"

कुँवर चूण्डाजी ने सुधाकर को देखा, "बड़ी जल्दी आप यहाँ पहुँच गए। राणा मुकुलजी का राज्याभिषेक तो परसों प्रात:काल हुआ है।"

"महारानी ने अपने पिताजी को राणाजी के राज्याभिषेक के निर्णय की सूचना एक सप्ताह पहले विशेष धावक द्वारा मन्दौर भिजवा दी थी। चार दिन पहले रावजी को सूचना मिली थी। इतने कम समय में उनका आना तो सम्भव नहीं था। तो, उन्होंने उपहारों के साथ मुझे भेज दिया, आशीर्वाद देने।"

कुछ कमजोर आवाज में रानी गुणवती ने पूछा, "कुँवरजू, मैंने कोई अनुचित काम तो नहीं कर डाला पिताजी को सूचना दिलाकर? सूचना तो मैंने राणाजू के मेवाड़ से गया की ओर युद्ध-यात्रा की दिलवाई थी। राज्याभिषेक का जिक्र भी मैंने करवा दिया था।"

चूण्डा मुस्कराए, "नहीं, आपने उचित ही किया। अति व्यस्तता में मुझे ध्यान ही नहीं रहा कि राव रणमल को मैं सूचना भिजवा देता।"

राजमाता गुणवती ने प्रसंग बदला, "राणाजू को विदा कर आए हो कुँवरजू, अब वह कभी मेवाड़ नहीं लौटेंगे।" गुणवती की आँखों में आँसू आ गए, "उनके जीवित रहते हुए मैं अवलम्बहीन विधवा रह गई। भगवान ने किन पापों का दण्ड दिया है मुझे!"

कुँवर चूण्डाजी बोले, "आप निरवलम्ब नहीं हैं माताजी—आप पर तो अब अबोध राणा मुकुलजी के लालन-पालन का भार आ पड़ा है। आप अब स्वयं अवलम्ब बन गई हैं। साहस कीजिए। पिताजी ने मुझे आपकी आज्ञा मानने का विशेष आदेश दिया है, चलते समय।"

"सच!" राजमाता गुणवती बोलीं, "राणाजू मुझे कभी भी हृदय से स्वीकार नहीं कर सके। मुझे सदा यही अनुभव होता रहा। मैं तो आपकी सद्भावना की कृतज्ञ रही हूँ। राणा मुकुलजी की सुरक्षा का समस्त भार आप पर सौंपकर मैं आश्वस्त हूँ।" और राजमाता रोने लगीं।

आचार्य सुधाकर ने मधुर स्वर में कहा, "बेटी, धैर्य धारण करो! विधि के विधान पर किसी का वश नहीं है। रावजी भी एक मास बाद चित्तौड़ आनेवाले हैं, राणा मुकुलजी को आशीर्वाद देने। मुझे उन्होंने व्यक्तिगत रूप से आदेश दिया है कि मैं राणाजी की शिक्षा-दीक्षा का भार सँभाल लूँ।"

चूण्डाजी की भौंहें अनायास ही चढ़ गईं, "मेवाड़ में पण्डितों और विद्वानों का अभाव नहीं है। स्वयं आचार्य त्रिलोचन ने राणाजी की शिक्षा-दीक्षा का भार अपने ऊपर लिया है। राव रणमल को आपको भेजने का कष्ट उठाने की कोई आवश्यकता नहीं है।" और चूण्डाजी ने घूमकर राजमाता गुणवती से कहा, "दो रात की निरन्तर यात्रा से थक गया हूँ। मुझे थोड़ा-सा विश्राम करने की अनुमति देने की कृपा करें। आज संध्या के समय मेवाड़ के नये राणाजी का दरबार होगा। उसकी व्यवस्था करनी है।" और कुँवर चूण्डा घूमकर चल दिये।

चूण्डाजी के जाने के बाद आचार्य सुधाकर ने राजमाता गुणवती से मुरझाए स्वर में कहा, "सुना बेटी! तुम्हारे कुँवरजू मेवाड़ राजवंश के लिए मेरी सेवाएँ अनावश्यक समझते हैं। मैं सोच रहा हूँ कि यहाँ से सीधा काशी के लिए चल दूँ। मेरे शिष्यगण वहाँ मेरी प्रतीक्षा कर रहे होंगे। तुम्हारे पिताजी जब यहाँ आएँ तब उन्हें परिस्थिति समझा देना, मैं उन्हें वचन दे आया था।"

राजमाता ने उलझन के स्वर में कहा, "इतनी जल्दी क्या है! आप पिताजी के आने तक मेरे अतिथि होकर यहाँ रहें।"

"जैसी तुम्हारी मर्ज़ी! हमारा परिवार तो मारवाड़ के राजकुल का सेवक है, रावजी की आज्ञा ही हमारे लिए सर्वप्रथम है। लेकिन मुझे कुँवर चूण्डा से भय लगता है। उनका व्यक्तित्व बड़ा सबल है।"

राजमाता गुणवती मुस्कराईं, "फूल-सा कोमल है कुँवरजू का मन! मेवाड़ की राजगद्दी उन्होंने अपनी इच्छा से राणाजी के आग्रह के खिलाफ मुकुलजी को सौंप दी है। कुँवरजू अपनी बात के धनी हैं। दुष्टों के लिए वज्र की तरह कठोर हैं, आप निश्चिन्त रहें, उनसे किसी भी भले आदमी को डरना नहीं है। केवल राजकार्य में

आप सम्मिलित न हों। अब आप जाइए—संध्या समय के दरबार की व्यवस्था में मुझे भी कुछ-न-कुछ योगदान देना होगा।"

संध्या के समय मेवाड़ के राणा मुकुलजी का प्रथम दरबार हुआ। कुँवर चूण्डाजी ने केवल दो पहर विश्राम करके दिन में दरबार की व्यवस्था कर दी। चित्तौड़ में उपस्थित समस्त सामन्तगणों को एवं राजकर्मचारियों को खबर करवा दी गई। निर्धारित समय से प्राय: आधा घंटा पहले से लोग एकत्रित होने लगे थे।

कुँवर चूण्डाजी ने पाँच वर्ष से कुछ ऊपर की आयुवाले महाराणा मुकुलजी को गोद में बिठलाकर राजगद्दी पर अपना आसन ग्रहण किया। मेवाड़-राज्य का मंत्रिपरिषद् सिंहासन के बायीं ओर बैठा था। दाहिनी ओर सामन्तगण थे। आसन के पीछे परदे में राजमाता अपनी दासियों के साथ बैठी थीं। दरबार का काम प्रारम्भ हुआ—आचार्य त्रिलोचन के मंत्रोच्चार के साथ, फिर चारणों ने विरद-गान प्रारम्भ किया।

इस अपरिचित भीड़ को देखकर पाँच वर्ष का अबोध बालक मुकुलजी घबरा-सा गया। दस-पाँच मिनट तो वह बड़ी हिम्मत करके सबकुछ देखता-सुनता रहा। इसके बाद वह चूण्डाजी की गोद से उतरकर पीछे अपनी धाय और माता के पास जाने के लिए हाथ-पैर पटकने लगा। चूण्डाजी के रोकने पर उसने रोना आरम्भ कर दिया। अब स्थिति चूण्डाजी के हाथ से बाहर हो गई। उन्होंने आचार्य त्रिलोचन की तरफ प्रश्नसूचक दृष्टि से देखा। आचार्य त्रिलोचन ने स्थिति पर कुछ सोचकर कहा, "मैं व्यवस्था देता हूँ कि मुकुलजी की धाय राणाजी को गोद में लेकर सिंहासन पर बैठे, कुँवर चूण्डाजी राजसिंहासन की बगल में दक्षिण की ओर अपना सिंहासन ग्रहण करें।"

कुँवर चूण्डा ने इस व्यवस्था को उचित न समझते हुए सुझाव दिया, "मैं समझता हूँ कि धाय के स्थान पर स्वयं राजमाताजी का सिंहासन पर बैठना उचित होगा।" और उन्होंने राजसिंहासन से उतरकर परदे के भीतर बैठी राजमाता गुणवती से निवेदन किया, "माताजी, मेरी और समस्त सामन्तों की विनय है कि आप परदा छोड़कर बाहर आएँ और राणाजी को अपनी गोद में लेकर सिंहासन पर बैठें।"

कुछ संकुचित-सी, कुछ पुलकित-सी, राजमाता परदे से बाहर आईं और मुकुलजी को गोद में लेकर सिंहासन पर बैठ गईं। अपनी माता की गोद में बैठकर राणा मुकुलजी शान्त हो गए और कुँवर चूण्डाजी दाहिनी ओर बैठ गए।

दरबार औपचारिक ही था। करीब एक प्रहर तक चलता रहा। दरबार समाप्त होने पर जब सब लोग चले गए, तब गुणवती ने चूण्डाजी से एकान्त पाकर कहा, "कुँवरजी, तुम मनुष्य नहीं देवता हो! मेरे पुत्र के समस्त हित तुम्हारे हाथ में सुरक्षित हैं।"

चूण्डा ने गुणवती के चरण छुए, "आप मेरी माता हैं, विमाता ही सही। राजकुलों के विधान के अनुसार मेवाड़ के शासन की जिम्मेदारी तब तक आप पर होनी चाहिए थी जब तक राणा मुकुलजी वयस्क न हो जाएँ। लेकिन पिताजी की आज्ञा मुझे स्वीकार करनी पड़ी। एक वचन मैंने पिताजी को दिया था, वह मैंने पूरा किया। दूसरा वचन मैं आपको देता हूँ—जब कभी भविष्य में आपको राणा मुकुलजी के प्रति मेरे कर्तव्य और दायित्व पर शंका हो, या आप मुझे इस पद के लिए अयोग्य समझें तब आपके आदेश पर मैं अपना दायित्व आप पर सौंप दूँगा। आप निःसंकोच अपनी इच्छा मुझ पर प्रकट कर दीजिएगा।"

राजमाता गुणवती कुछ देर तक अपलक दृष्टि से चूण्डा को देखती रहीं, और एकाएक वह चूण्डाजी के पैरों पर झुक गईं। भर्राए हुए गले से उन्होंने कहा, "कुँवरजी, मैं बड़ी अभागी हूँ—बड़ी अभागी हूँ।" और जैसे अपने से ही डरकर वह तेजी से चली गईं। कुँवर चूण्डा मौन भाव से कुछ देर तक वहाँ खड़े रहे, फिर आकाश की ओर हाथ उठाकर उन्होंने कहा, "भगवान, तुम्हारी लीला विचित्र है!"

चौथा परिच्छेद

भारतवर्ष का वह भूखंड जिसे राजस्थान कहते हैं—दो भागों में विभाजित किया जा सकता है: मारवाड़ और मेवाड़। अरावली पर्वतमालाओं के उत्तरवाला भाग मारवाड़ कहलाता है, और दक्षिणवाला भाग मेवाड़। मारवाड़ का अधिकांश भाग सूखा और झुलसा हुआ था, वर्षा और जल के अभाव से ग्रस्त; विशेष रूप से उसका उत्तर-पश्चिमी प्रदेश तो पूरा का पूरा मरुस्थल था। पूर्वी भाग में अवश्य बीच-बीच में कुछ हरे-भरे भूखंड विद्यमान थे, जिनमें लोग बस गए थे। राजस्थान के इस भाग पर राठौर राजपूतों का आधिपत्य था।

मेवाड़ छोटे-छोटे पर्वतों और जंगलों से भरा हुआ उपजाऊ प्रदेश था, और यही कारण है कि यह मारवाड़ की तुलना में ज्यादा बसा हुआ था। राजस्थान के इस भू-भाग पर उन दिनों सिसौदिया वंश के राजपूतों का आधिपत्य था।

अरावली के पश्चिम में मेवाड़ की सीमा से सटा हुआ राजस्थान का एक और छोटा-सा प्रदेश था जिस पर आदिवासी भीलों का आधिपत्य था। आर्य-सभ्यता से इन भीलों का सम्पर्क नगण्य-सा ही था।

राजस्थान के इर्द-गिर्द कुछ उपजाऊ प्रदेश थे, घनी आबादी से युक्त, लेकिन राजस्थान कुल मिलाकर दुर्गम प्रदेश था। इसलिए भारत में युद्धोपरान्त पराजित सेनाएँ भागकर राजस्थान में ही शरण लेती थीं, आक्रान्ताओं से बचने के लिए। यह क्रम भारत पर मुसलमानों के आक्रमण के बाद का है, कुछ इतिहासकारों का यही मत है।

मरुस्थल के विस्तार और दूर-दूर तक फैली हुई पर्वतमालाओं के कारण राजस्थान के निवासियों को अपना जीवनयापन करने के लिए कड़ी मेहनत करनी पड़ती थी। प्राकृतिक संकटों से लगातार जूझते रहने के कारण उनमें एक अजीब तरह की वीरता उभर आई थी, लेकिन उस वीरता के फलस्वरूप स्वाभिमान और हठ अधिक मुखर था। स्वाभिमान का स्थान दम्भ ने ले लिया था। हठ को पूरा करने के लिए साधनों की पवित्रता और औचित्य का लोप-सा हो गया था।

हिन्दू धर्म के वैयक्तिक दृष्टिकोण के कारण इन राजपूतों में सामाजिक भावनाएँ कभी जागृत ही नहीं हो पाईं। सहयोग और सद्भावना कुलों और परिवारों में सिमट गए। और वैयक्तिक स्वार्थ एवं हठ के सामने तो कभी-कभी यह कुल और परिवार की मर्यादाएँ भी टूट गईं।

राठौर और सिसौदिया वंशों की स्थापना कब हुई—यह ठीक तौर पर नहीं कहा जा सकता। इतिहास तो स्वयं में काल्पनिक सत्य, अर्धसत्य और अतिशयोक्तियों के असत्य का एक बहुत बड़ा संग्रह है। पिता की पुत्र द्वारा हत्या, भाई की भाई द्वारा हत्या, अपने परिवारवालों की हत्या—यह शासन और अधिकार के नशे का इतिहास ही राजकुलों का इतिहास है। वैयक्तिक वीरता के साथ वैयक्तिक चरित्रहीनता—यह राजपूतों के शौर्य के नाम पर अमिट कलंक रहा है।

राव रणमल मारवाड़ के किस भाग के शासक थे, इसका उल्लेख इतिहास में नहीं मिलता। सम्पूर्ण मारवाड़ के तो वह शासक नहीं ही थे, क्योंकि समस्त मारवाड़ को अपने वश में करके अपने नाम से जोधपुर जैसे शक्तिशाली राज्य की स्थापना का श्रेय राव रणमल के पुत्र जोधा को प्राप्त है। जोधा के आविर्भाव के पहले मारवाड़ राजस्थान के मरुप्रदेश का नाम था, जहाँ बीच-बीच में हरित और उर्वरा भूमि के छोटे-छोटे अनेक भाग थे, जहाँ जलाशयों और कुओं में प्रचुरता के साथ जल मिलता था और युद्धों में पराजित राजपूतों के दल भागकर वहाँ बस गए थे। इन राजपूतों सरदारों के साथ दास-दासियों के झुंड थे, पूजा-पाठ से जीविकोपार्जन करनेवाले ब्राह्मणों के परिवार थे, और इन सारे लोगों की विभिन्न आवश्यकताएँ पूरी करने के लिए व्यापार करनेवाले वैश्य थे। ऐसी ही एक हरित और उपजाऊ भूमि का एक भाग था, मन्दौर, जिस पर राव रणमल का शासन था। राव रणमल के पूर्वजों ने मन्दौर राज्य की स्थापना की थी, और मन्दौर को एक शक्तिशाली

एवं संगठित राज्य बनाकर उन्होंने उसे मारवाड़ के राठौर वंश के प्रमुख केन्द्र के रूप में विकसित किया था।

रणमल के एक पुत्र का उल्लेख इतिहास में मिलता है जिसका नाम जोधा था और इस जोधा ने कालान्तर में जोधपुर राज्य की स्थापना की थी। रणमल की एक कन्या थी गुणवती जिसका विवाह मेवाड़ के राणा लाखा से करके रणमल ने अपनी प्रतिष्ठा प्राप्त की थी।

मई का महीना था, और मरुप्रदेश के बीच में बसा हुआ मन्दौर बेतरह तपने लगा था। जोधा मन्दौर से प्राय: चालीस मील की दूरी पर स्थित एक और ग्राम जैती को मन्दौर राज्य में सम्मिलित करके सुबह करीब सात बजे लौटा था। मन्दौर आते ही वह अपने पिता राव रणमल के सामने उपस्थित हुआ।

जोधा की अवस्था प्राय: तीस वर्ष की थी। और वह अपनी छोटी बहन गुणवती से छह-सात वर्ष बड़ा था। मझोले कद का बलिष्ठ युवक, मुख पर एक तरह का संकल्प और तेज। जोधा ने अपने पिता का अभिनन्दन किया। फिर वह बोला, "आपके प्रताप से मैंने जैती पर विजय करके उसे मन्दौर राज्य में सम्मिलित कर लिया है।"

रणमल के मुख पर सन्तोष की मुस्कान आई, "तो आधा मारवाड़ मन्दौर राज्य में आ गया है। बड़ा शुभ समाचार लाए हो! कोई युद्ध तो नहीं हुआ?"

"हम लोग इतनी तेजी से जैती पहुँचे कि वहाँ के राव सुजना को तैयार होकर युद्ध करने का अवसर ही नहीं मिला। फिर मैंने राव सुजना को मन्दौर का सामन्त बनाकर उसे मन्दौर का प्रश्रय भी दे दिया है। वह सर्वथा सन्तुष्ट है। जैतीवाले भी तो राठौर कुल के ही हैं।"

प्रफुल्लित होकर राव रणमल ने कहा, "तुमसे बड़ी आशाएँ हैं। तुमने मेवाड़ का कोई समाचार सुना है?"

"कोई नई बात? मैं तो तीन महीने तक मारवाड़ की मरुभूमि में भटकता रहा हूँ।"

रणमल ने विस्तार के साथ राणा लाखा की गया की युद्ध-यात्रा पर जाने का समाचार सुनाते हुए कहा, "मुकुलजी मेवाड़ की गद्दी पर बैठ गया है। लेकिन मुकुलजी की अवस्था ही क्या है? राणा लाखा ने गुणवती के स्थान पर चूण्डाजी को मुकुलजी का अभिभावक नियुक्त किया है—मेवाड़ राज्य की परम्परा के विरुद्ध।"

अपनी समस्त थकावट के बावजूद जोधा हँस पड़ा, "गद्दी के स्वामी तो चूण्डाजी ही थे, उन्होंने मुकुलजी को गद्दी पर बैठाकर महान त्याग किया है। फिर

गुणवती स्त्री है, और स्त्री विवेकहीन और हठी होती है। चूण्डाजी के सम्बन्ध में जो कुछ भी जानकारी प्राप्त है उससे तो लगता है कि वह अपनी बात का धनी, और साहसी और चरित्रवान है। केवल एक अवगुण उसमें है—वह महत्त्वाकांक्षी नहीं है।"

तीव्र दृष्टि से जोधा को देखते हुए रणमल ने कहा, "तुम समझते हो कि चूण्डाजी के हाथ में मेरे नाती का हित सुरक्षित रहेगा?"

अपने पिता की प्रकृति और प्रवृत्ति का जितना ज्ञान जोधा को था, उतना शायद स्वयं उसके पिता को भी नहीं था। दो वर्ष पूर्व जब जोधा की माता का देहान्त हुआ था, रणमल अपनी चौबीस-पच्चीस वर्ष की दासी अमिया के साथ खुलेआम रहने लगा था और अमिया के पति की उसने हत्या करा दी थी। अमिया अनिन्द्य सुन्दरी थी। अमिया के साथ रणमल भोग-विलास और अकर्मण्यता का जीवन व्यतीत करने लगा था।

जोधा बोला, "आपको मुकुलजी के तथा गुनो (गुणवती) के हितों की चिन्ता नहीं करनी चाहिए। चूण्डाजी पर आप पूरा विश्वास कीजिए। आप मन लगाकर मन्दौर के शासन को सुदृढ़ करें। प्रजा की सुख-सुविधाओं का ध्यान रखें। मारवाड़ में अपना एकछत्र राज्य हो जाने पर हम मेवाड़वालों से नीचे नहीं रहेंगे।"

एक खीझ-भरी मुस्कान के साथ रणमल बोले, "मारवाड़, मारवाड़! यह मरुप्रदेश कभी भी सम्पन्न और शक्तिशाली नहीं बन सकेगा। तुम प्रयत्न करके देख लो। जहाँ तक मुकुलजी का प्रश्न है, मैं एक बार मेवाड़ जाकर वहाँ की स्थिति का अध्ययन करना चाहता हूँ। फिर, मुकुलजी के जन्म के बाद मैं गुणवती से मिला भी नहीं हूँ।"

"जैसी आपकी इच्छा! मैं भी युद्ध व यात्राओं से थक गया हूँ। कुछ काल तक मन्दौर में रहकर मैं मन्दौर को संगठित करने का प्रयत्न करूँगा!" यह कहकर जोधा चला गया, कुछ विक्षुब्ध-सा!

तीन-चार दिनों में ही रणमल ने चित्तौड़-यात्रा की व्यवस्था कर ली। रणमल ने अपने साथ पाँच मुँहलगे सरदार तथा पच्चीस राठौर सैनिक ले लिये थे। ऊँटों पर सवार होकर इस काफिले ने चित्तौड़ के लिए प्रस्थान किया। राव रणमल के चलते समय जोधा ने उनसे जल्दी ही मन्दौर वापस लौटने का आग्रह कर दिया, अपने पिता की प्रवृत्तियों को ध्यान में रखकर।

राव रणमल और उसके साथी आधी रात के समय चित्तौड़गढ़ पहुँचे। गढ़ का फाटक बन्द था। फाटक के बाहर रात में आनेवाले लोगों के पड़ाव की व्यवस्था

थी, क्योंकि वह फाटक सूर्यास्त के बाद सूर्योदय तक नहीं खुलता था। सूर्योदय के समय राव रणमल ने अपने आने की सूचना राजमाता गुणवती को भेजी। सूचना पाते ही गुणवती ने कुँवर चूण्डाजी को बुलाकर कहा, "कुँवरजू, मेरे पिता मन्दौर से चित्तौड़ पधारे हैं, और फाटक पर उनका पड़ाव पड़ा है। मैं समझती हूँ कि मेरे लिए फाटक पर स्वयं जाकर पिताजी का स्वागत करना उचित होगा, ताकि वह राजसी सम्मान के साथ गढ़ में प्रवेश करें।"

"मेरा मत भी यही है जो आपका मत है। लेकिन राजमाता का अकेले ही फाटक पर जाना उचित न होगा, मैं भी आपके साथ रावजी की अगवानी के लिए चलता हूँ।"

गुणवती और चूण्डाजी गढ़ के फाटक पर पहुँचे। तब तक राव रणमल के खेमे उखड़ चुके थे। गुणवती को अपने हृदय से लगाते हुए रणमल ने उसे आशीर्वाद दिया। फिर वह चूण्डाजी की ओर घूमे, "कुँवरजी के साहस और त्याग की कहानियाँ मन्दौर तक पहुँच चुकी हैं। पिछली बार राणा मुकुलजी के जन्मोत्सव पर कुँवरजी को निकट से जानने का अवसर ही नहीं मिला था। हाँ, जोधा ने कुँवरजी को अपना गुरु मान लिया था। जोधाजी मन्दौर के इर्द-गिर्द मारवाड़ के राज्य की स्थापना करने में प्राणपण से व्यस्त हैं। नहीं तो वह भी मेरे साथ आते।"

कुछ औपचारिक भाव से चूण्डाजी ने उत्तर दिया, "जैती पर विजय प्राप्त करके उसे मन्दौर राज्य में सम्मिलित करने में उनकी सफलता का समाचार मैंने भी सुना है। वह योग्य और कुशल व्यक्ति हैं। जीवन में वह सफल होंगे।"

उत्साह में भरकर राव रणमल बोले, "जोधाजी अगर मारवाड़ को संगठित कर लें तो दिल्ली के पश्चिम में मारवाड़ और मेवाड़ दो सशक्त राज्य हो जाएँगे, जिनका मुकाबला दिल्ली के बादशाह न कर सकेंगे।"

चूण्डाजी ने केवल इतना कहा, "दुर्भाग्यवश हम हिन्दुओं में, विशेष रूप से हम क्षत्रियों में, घोर व्यक्तिवाद है। कहीं एकता नहीं है। आप अभी लम्बी यात्रा से थके हुए हैं, चलकर विश्राम कीजिए। आपसे विस्तार के साथ परामर्श करने का अवसर तो मिलता ही रहेगा। चित्तौड़ में कितने दिन निवास का कार्यक्रम है?"

"प्राय: एक मास, या अधिक-से-अधिक दो मास, फिर न जाने कब अपनी बेटी और नाती से मिलना हो।"

उसी समय राजमाता गुणवती चूण्डाजी की ओर घूमीं, "पिताजी के रहने की व्यवस्था क्या होगी?"

चूण्डाजी ने मारवाड़ से आए हुए काफिले को देखा, “राणाजी के नाना तो राजमहल के बहिर्कक्ष में रहेंगे, मारवाड़ के सरदारों के ठहरने की व्यवस्था उस बहिर्कक्ष के समीप ही स्थित अतिथि-भवन में हो जाएगी, और मारवाड़ के सैनिक मेवाड़ के सैनिक-शिविर में ठहरा दिये जाएँगे।”

“मेरे सरदारों को राजभवन के बर्हिकक्ष में मुझसे मिलने में तथा रात में देर तक मेरे साथ ठहरने में कोई बाधा तो नहीं होगी?” रणमल ने पूछा।

“किंचित नहीं, लेकिन राजकुलों की मर्यादा और प्रतिष्ठा तो आप जानते ही हैं!” चूण्डा का एक संक्षिप्त-सा उत्तर था।

राजमाता ने सन्तोष की मुस्कराहट के साथ अपने पिता से कहा, “कुँवरजी अबोध राणा को अपने प्राणों से अधिक चाहते हैं। कुँवरजी के रहते हुए राणाजी तथा उनके सगे-सम्बन्धियों को न कोई असुविधा हो सकती है और न ही उनका अहित हो सकता है।”

“यह जानकर मुझे हार्दिक प्रसन्नता हुई।” रणमल बोले, “अब चला जाए।”

ठहरने की व्यवस्था हो गई। धूप चढ़ रही थी, लेकिन रणमल ने अनुभव किया कि मारवाड़ की अपेक्षा मेवाड़ में तपन नहीं है। वायु में एक तरह की ताजगी है। न जल का अभाव, न झुलसा देनेवाली लू।

अपने भवन में पहुँचकर उन्होंने जी भरकर स्नान किया। भोजन के उपरान्त जब रणमल विश्राम के लिए बैठे, जैसे एक मीठा नशा तैर रहा था उनकी आँखों में। उन्होंने मन-ही-मन कहा—कितना सुख! यदि मैं मेवाड़ का शासक होता! और वह अपने विचारों में खो गए। दासियाँ पंखा झल रही थीं। रणमल को कब नींद आ गई उन्हें पता ही नहीं चला। अपराह्न के बाद उनकी आँख खुलीं, सूर्य पश्चिमी क्षितिज की ओर बढ़ रहा था। तभी एक बाँदी ने आकर कहा, “कुँवरजी ने सन्देशा भेजा है कि एक प्रहर के बाद राणाजी का दरबार लगेगा। सरकार अपनी सुविधा के अनुसार उसमें पधारने की कृपा करें। मेवाड़ के सामन्तगण सरकार के दर्शन करने को उत्सुक हैं।”

जिस समय राव रणमल दरबार-कक्ष में पहुँचे, कुँवर चूण्डाजी ने और मेवाड़ के अन्य सामन्तगणों ने खड़े होकर उनका स्वागत किया। कुँवर चूण्डाजी ने राजमाता गुणवती को आदेश दे दिया था कि मेवाड़ के राणा मुकुलजी तथा राजमाता गुणवती अपने आसन से नहीं उठेंगे, अपने पद और मर्यादा के अनुसार।

राणा मुकुलजी के सिंहासन की दाहिनी ओर चूण्डाजी की बगल में राव रणमल का आसन था। रणमल उस पर बैठ गए, तो कुँवर चूण्डाजी ने एक के बाद एक मेवाड़ के सभी सामन्तों का उनसे औपचारिक परिचय करवाया। परिचय का शिष्टाचार समाप्त होने पर आचार्य त्रिलोचन के मंत्रोच्चार के साथ एवं चारणों के विरद-गान के बाद दरबार का कार्यक्रम आरम्भ हुआ। मेवाड़ के राजवैभव को देखकर राव रणमल चकित और स्तब्ध रह गए। उनके हृदय में ईर्ष्या और लिप्सा के बीज पनपने लगे। और जिस समय मेवाड़ में खनिज और चाँदी के उत्पादन का प्रसंग आया, रणमल की आँखें फैल-सी गईं। वह उस दरबार की कार्यवाही बड़े ध्यान से देखते रहे। केवल एक बात उन्हें खल रही थी, उस दरबार में न भंग का प्रबन्ध था, न कुसम्मा का प्रबन्ध था। उन्हें नशे की तलब सता रही थी। प्रायः एक घंटे बाद उन्हें जम्हाई आने लगी। अब आश्चर्य और रुचि का स्थान ऊब से भरी घुटन ने ले लिया था।

चूण्डा ने स्थिति को समझ लिया। राणा मुकुलजी का दरबार प्रायः औपचारिक ही होता था, कुँवर चूण्डाजी ने यथासम्भव शीघ्र-से-शीघ्र दरबार की कार्यवाही समाप्त कर दी। राजमाता गुणवती के राणा मुकुलजी के साथ दरबार से प्रस्थान के बाद चूण्डा रणमल के पास आया, "अब आप अपने भवन में पधारिए। पिताजी के गया की युद्ध-यात्रा के बाद मैंने राणा मुकुलजी में बुरी आदतें न पड़ें इस बात को ध्यान में रखकर राजदरबार में मादक द्रव्यों एवं नृत्य-संगीत आदि की प्रथा का अन्त कर दिया है। आप राजभवन के बहिर्कक्ष में ठहरे हुए हैं। वहाँ आपके लिए अमलों की पूरी व्यवस्था हो गई है, आप अपने सरदारों के साथ वहाँ अमल करें। संगीत और नृत्य का प्रबन्ध भी आपके आदेशों के अनुसार हो जाएगा। राजमाता की आज्ञानुसार आपके साथ आपके सरदारों के ठहरने की अनुमति है। मध्यरात्रि के गजर के साथ उन्हें अतिथि-गृह में भिजवाने का प्रबन्ध करा दिया गया है।"

खीझ के साथ अपना होंठ चबाते हुए रणमल ने चूण्डाजी का आदेश सुना। प्रसंग बदलते हुए उन्होंने चूण्डाजी से पूछा, "गया से राणा लाखा का कोई समाचार प्राप्त हुआ है?"

"युद्ध का समाचार तो नहीं मिला है, लेकिन तीन दिन पहले हरकारे ने खबर दी है कि काशी नगरी के दक्षिण में मेवाड़ की सेना ने पड़ाव डाल दिया है। राणाजी के ससैन्य काशी तक पहुँचने का समाचार शत्रुओं को मिल चुका है और पटना से

उनकी मुख्य सेना गया आ पहुँची है। राणाजी दक्षिण से गोण्ड सेना के आने की प्रतीक्षा कर रहे हैं।"

जम्हाई लेते हुए रणमल ने कहा, "गोण्डों पर भरोसा नहीं किया जा सकता। आर्यावर्त के क्षत्रियों की सहायता अधिक श्रेयस्कर होगी।"

चूण्डा के माथे पर बल पड़ गए, "आर्यावर्त के क्षत्रिय नरेश! अगर वह एकता में बँध सकते तो क्या आज हमें यह दिन देखना पड़ता। हमारे चरित्रों में घुन लग गया है। धर्म, समाज और देश से कटकर ये क्षत्रिय वैयक्तिक स्वार्थ और मान-अपमान में डूब गए हैं। चलिए, आपके अमल में दखल हो रहा होगा।"

पाँचवाँ परिच्छेद

राणा लाखा ने अपनी सेना के साथ गया जाने का संकल्प तो कर लिया था, लेकिन एक बड़ी सेना के साथ चित्तौड़ से गया जाने में किन बाधाओं और विपत्तियों का सामना करना पड़ेगा, इसकी कल्पना उन्होंने पूरी तौर से नहीं की थी। गया चित्तौड़ से लगभग साढ़े तीन सौ कोस की दूरी पर है। चित्तौड़ और गया के बीच यमुना नदी के उत्तरवाले पूरे प्रदेश पर दुश्मनों का आधिपत्य था। यमुना के दक्षिण में अनगिनती छोटे-छोटे राज्य थे, जो स्वतंत्र थे। यमुना के उत्तरवाला मार्ग अपनाना गलत होता क्योंकि राजस्थान से प्रस्थान करने के साथ ही युद्ध आरम्भ हो जाता।

यमुना नदी के दक्षिणवाला मार्ग अपनाना उचित समझा गया। लेकिन वह मार्ग बीहड़ और कठिन विंध्याचल पर्वतमालाओं के बीच से जाता था। रास्ते में बुन्देलखंड और बघेलखंड के असम्पन्न अनेक छोटे-छोटे राज्य—अन्नाभाव, जलाभाव से ग्रस्त! लेकिन सबकुछ होते हुए भी यही मार्ग राणा लाखा और उनकी सेना के लिए निरापद और सुगम था।

मेवाड़ की सेना और राणा लाखा का हरेक क्षत्रिय राजा ने स्वागत किया, उस सेना की रसद आदि से भी भरसक सहायता की, लेकिन राणा लाखा को सैनिक सहायता देने से सबों ने इनकार कर दिया। हरेक राज्य को अपने पड़ोसी राजा से स्पर्धा थी, और इसलिए भय भी था। धर्म-रक्षा से पहले अपनी रक्षा का

भी प्रश्न आ जाता है। वैसे धर्म-रक्षा के नाम पर व्यक्तिगत रूप से कुछ क्षत्रियों ने राणा लाखा की सेना में भर्ती होकर अपना सहयोग अवश्य दिया। जब राणा लाखा की सेना काशी के दक्षिण-तट पर पहुँची, उसकी संख्या दस हजार से अधिक हो गई थी।

मेवाड़ की सेना के काशी पहुँच जाने का समाचार जब दिल्ली के बादशाह को मिला, तो उसने तत्काल वहाँ से पटना के सूबेदार को आदेश दिया कि समस्त शाही सेना गया की ओर प्रस्थान करे। जौनपुर से और स्वयं दिल्ली से और अधिक सेना भेजी जा रही है।

तीर्थ-स्थान गया पर युद्ध के बादल उमड़ रहे थे। भय, आशंका, उत्साह, आशा और निराशा! पूरी तैयारी के साथ राणा लाखा ने गया पर आक्रमण कर दिया। पटना और जौनपुर की मिश्रित सेना लगभग दस हजार थी, लेकिन उस सेना को जनता का सहयोग प्राप्त नहीं था। दिन-भर युद्ध होता रहा और शाही सेना के पैर उखड़ गए। वह पटना और जौनपुर की ओर भाग खड़ी हुई। गया पर फिर से हिन्दुओं का अधिकार हो गया। इस विजय के बाद कुछ समय के लिए सैनिक आमोद-प्रमोद में डूब गए। राणा लाखा ने गया में आने का लक्ष्य प्राप्त कर लिया था। वहाँ के पण्डों के हाथ में गया का शासन-सूत्र फिर से सौंपकर तथा आस-पास से एकत्रित करके प्राय: पाँच हजार सैनिकों को गया की रक्षा का भार सौंपकर राणा लाखा वैद्यनाथ धाम एवं जगन्नाथपुरी की तीर्थयात्रा का कार्यक्रम बनाने लगे। मेवाड़ की सेना को मेवाड़ लौटने की तैयारी करने का आदेश दे दिया गया। और ऐसा लगता था कि गया का वह अभियान सफल हुआ। लेकिन चार दिन बाद ही राणा लाखा को समाचार प्राप्त हुआ कि दिल्ली से पच्चीस हजार शाही सेना गया के लिए रवाना हो गई है, तथा जौनपुर और पटना से भागे हुए सैनिकों को एकत्रित करके और पुन: संगठित करके प्राय: चालीस हजार सेना गया पर आक्रमण करने आ रही है।

गया के पण्डे तत्काल निकल पड़े। उत्तर और पूर्व से भूमिहारों और यादवों की सेना को युद्ध करने के लिए आमंत्रित किया गया। एक अच्छी संख्या में गया के दक्षिण से आदिवासियों की सेना की भी भर्ती की गई। मेवाड़ की सेना की उपस्थिति से हिन्दुओं में धर्म के नाम पर संगठित होने के उत्साहस्वरूप राणा लाखा की सेना अब पाँच हजार से बढ़कर पच्चीस हजार हो गई।

शाही सेना ने आक्रमण किया बिना राणा लाखा की शक्ति का अन्दाजा लगाए हुए और युद्ध आरम्भ हुआ।

राणा लाखा हाथी पर सवार थे, और उनके हाथी पर केसरिया ध्वज फहरा रहा था। राणा लाखा के साथ आई हुई मेवाड़ की सेना बीच में थी। दाहिनी ओर भूमिहारों की सेना थी, बाईं ओर यादवों की सेना थी। क्षत्रियों की सेना के पीछे धनुष-बाण से युक्त आदिवासियों की सेना थी। ये भूमिहार, यादव, आदिवासी—यह सब एक बार फिर मिलकर जैसे हिन्दू धर्म को एक नया रूप देने आए हों। लेकिन इन लोगों में समता और एकता का भाव दिख ही नहीं रहा था।

वह युद्ध मूर्ति-पूजकों और मूर्तिभंजकों के बीच था। लेकिन ब्राह्मणों द्वारा स्थापित जाति-भेद से लदा हुआ यह हिन्दू धर्म—सदियों से इस धर्म को माननेवाले हिन्दू छोटे-छोटे झुंडों में विभाजित हो चुके थे। इस युद्ध में भी इस वर्णभेद के दर्शन हो रहे थे। अलग-अलग वर्णों के लोगों की अलग-अलग सेनाएँ, एक-दूसरे से सहयोग का नितान्त अभाव!

पहले दिनवाला युद्ध अनिर्णीत रहा। शाही सेना की कुमुक आती जा रही थी, वह सँभलकर युद्ध कर रही थी। दूसरे दिनवाले युद्ध में राणा लाखा ने अपनी सेना का व्यूह बदला। इस बार यादवों की सेना बीच में थी। दाहिनी ओर भूमिहारों की सेना थी और बाईं ओर आदिवासियों की सेना थी। आदिवासियों की सेना के पीछे राणा लाखा की मेवाड़ी सेना थी। बीच-बीच में यादव सेना के पीछे बुन्देलखंड और बघेलखंड के क्षत्रियों की सेना थी, भूमिहारों की सेना के पीछे युद्धकला में पारंगत ब्राह्मणों की सेना थी।

शाही सेना ने आदिवासियों की सेना को हिन्दू-सेना का सबसे कमजोर भाग समझकर पूरे वेग के साथ उस पर अपना मुख्य प्रहार किया।

आदिवासियों की सेना के पास केवल तीर-कमान थे, तलवारों तथा भालों के युद्ध से अपरिचित थे वे लोग। करीब आधा घण्टे तक तो आदिवासी बड़ी वीरता के साथ युद्ध करते रहे, इसके बाद जब तीर समाप्त होने लगे तो आदिवासियों की सेना के पैर उखड़ गए और वह तितर-बितर होने लगी। तभी राणा लाखा ने अपनी मुख्य सेना के साथ आगे बढ़कर शाही सेना पर आक्रमण कर दिया। शाही सेना के लिए यह अप्रत्याशित आक्रमण बहुत महँगा पड़ा। वह पीछे हटने लगी। मेवाड़ की सेना का युद्धघोष हवा में लहरा रहा था। शाही सेना के इस पराभव से आदिवासियों

की सेना में एक नया जोश जागा और आदिवासी फिर से घूमकर शाही सेना पर जोश के साथ बाण-वर्षा करने लगे। शाही सेना के पैर उखड़ गए और वह भाग खड़ी हुई। इस बार राणा लाखा ने अपनी सेना को शाही सेना का पीछा करने का आदेश दे दिया।

इस बाण-वर्षा में किसी अनाड़ी आदिवासी का निशाना चूक गया और उसका तीर हाथी पर सवार राणा लाखा की ग्रीवा में धँस गया, और राणा लाखा का वृद्ध शरीर हाथी पर लुढ़क गया।

एकाएक क्रोध में भरे हुए मेवाड़ के सैनिक शाही सेना का पीछा करना छोड़कर आदिवासियों की सेना पर टूट पड़े। देखते-देखते आदिवासियों की सेना का सफाया हो गया। कुछ भूमिहार, यादव और क्षत्रिय सरदारों ने मेवाड़ के सैनिकों को रोका और स्थिति यह आ गई कि अब आपस में ही युद्ध हो जाए। लेकिन गया के पण्डितों के प्रयत्न से यह आपसी युद्ध रुक गया।

उस युद्ध में विजय तो हिन्दू-सेना की हुई, शाही सेना के आधे से अधिक सैनिक मारे गए, लेकिन मेवाड़ के भी आधे से अधिक सैनिक काम आ गए। दूसरे दिन समस्त सैनिकों की उपस्थिति में राणा लाखा का दाहसंस्कार हुआ।

तेरह दिन तक राणा लाखा की मृत्यु का संस्कार गया में चलता रहा, और चौदहवें दिन मेवाड़ के बचे-खुचे एक हजार सैनिकों और सरदारों ने मेवाड़ की यात्रा आरम्भ कर दी। इनमें अधिकांश घायल अपाहिज लोग थे। इनके साथ बुन्देलखंड और बघेलखंड के क्षत्रिय भी थे।

राणा लाखा की मृत्यु का समाचार एक पखवारे के बाद ही चित्तौड़ पहुँच पाया। और उस समाचार से शोक की एक लहर ने चित्तौड़वासियों को ही नहीं समस्त मेवाड़वासियों को ढक लिया। कुँवर चूण्डाजी ने राणा की मृत्यु की खबर राजमाता गुणवती को दी, और यह खबर पाकर गुणवती बेहोश हो गई।

उसी दिन शाम के समय मेवाड़ के पुरोहितों, प्रमुख सामन्तों एवं मेवाड़ के राजकुल के व्यक्तियों की एक विशिष्ट सभा बुलाई गई। राणा लाखा संन्यास की दीक्षा लेकर मेवाड़ से चले थे, ऐसी हालत में हिन्दू धर्म की परम्परा के अनुसार एक सांसारिक प्राणी का अन्त उसी दिन हो गया था, जिस दिन वह चित्तौड़ से बाहर निकले थे। लेकिन राजपूतों की परम्परा के अनुसार उनकी पत्नी को उनकी मृत्यु का समाचार सुनकर सती होना चाहिए।

स्वयं रानी गुणवती सती होने का आग्रह कर रही थीं, भावना के वेग में। कुछ पण्डितों और सामन्तों का समर्थन उन्हें प्राप्त था। कुँवर चूण्डाजी बेतरह चिन्तित थे। राणा मुकुलजी की देखभाल राजमाता गुणवती तो ठीक तरह से कर सकती थीं, उनके बाद किसी भी स्त्री, यानी स्वयं अपनी पत्नी पर भी कुँवर चूण्डाजी को विश्वास नहीं था। रहा राणा मुकुलजी की धाय का प्रश्न, सो वह तो केवल धाय थी, राजकुल के क्षत्रियों से मुकाबला करने में वह असमर्थ थी। सब लोगों की बात सुनकर जैसे कुँवर चूण्डाजी की चेतना जाग गई, उठकर उन्होंने राजमाता गुणवती के चरण छुए, "माताजी, मेवाड़ के राजकुलों की परम्परा के अनुसार आप विधवा हुईं, और विधवा के सती होने की परम्परा भी राजकुलों में है। लेकिन राजपूतों की परम्परा में राजमाता के सती होने का कोई विधान नहीं है और जब धर्म के विधान के अनुसार पिताजी ने संन्यास धारण कर लिया था, तब तो आपका सती होना धर्म के विधान के भी विरुद्ध है। आप राणा मुकुलजी की अभिभाविका हैं—मैं तो आपके प्रस्ताव का समर्थन किसी भी हालत में नहीं कर सकता।"

आचार्य त्रिलोचन ने कुँवर चूण्डाजी के मत का समर्थन किया। उसी दिन से तेरह दिन तक राणा लाखा की मृत्यु पर समस्त मेवाड़ में शोक-पर्व मनाने की घोषणा कर दी गई। संन्यासी का पिण्डदान नहीं होता, यह स्वीकार कर लिया गया।

राणा लाखा की विजय एवं उनकी मृत्यु से राव रणमल पर कोई विशेष प्रतिक्रिया नहीं हुई। हाँ, मेवाड़ में जो कुछ हुआ, उसकी अच्छी प्रतिक्रिया रणमल पर नहीं हुई। गुणवती पर कुँवर चूण्डाजी का अत्यधिक प्रभाव जमता जा रहा था, यह उनके हित में नहीं था। उनके मन में मेवाड़ राज्य को अपने प्रभाव में लेने की जो कामना थी, वह नष्ट होती जा रही थी।

इस शोक-पर्व में राव रणमल की विलासिता और उनके आमोद-प्रमोद की जो प्रवृत्ति थी, वह वैसी-की-वैसी कायम रही। उनका सारा कार्यक्रम राजभवन के बहिर्कक्ष में न होकर उनके सामन्त बीजा की अतिथिशाला के कक्ष में चोरी-छिपे चलता रहा। लेकिन रणमल की समस्त गतिविधियों का पता कुँवर चूण्डाजी को उनके गुप्तचरों द्वारा मिलता रहा था। राव रणमल के प्रति चूण्डा के मन में एक तरह की घृणामिश्रित तृष्णा का भाव पैदा हो गया। इस बीच रणमल ने छिपे-छिपे अपनी रखैल गोली को चित्तौड़ बुलवा लिया था, जो बीजा के कक्ष में रहने लगी थी। चूण्डा के मन में यह भी हुआ कि राजमाता गुणवती से उनके पिता की हरकतें

बता दें लेकिन वह यह करके गुणवती का जी नहीं दुखाना चाहते थे जो राणा लाखा की मृत्यु के समाचार से पागल-सी हो गई थी। सहृदयता और कल्याण की भावनाओं से युक्त कुँवर चूण्डाजी अपने कर्तव्य से चूक गए थे।

शोक-पर्व समाप्त हो गया। अब रणमल ने गुणवती से कहकर अपनी रखैल गोली को राजभवन के बहिर्कक्ष में अपनी निजी दासी के रूप में प्रविष्ट कर लिया। गुंणवती को अपने पिता के चरित्र का कुछ परिचय था, इसलिए उसने कोई आपत्ति नहीं की।

शोक-पर्व समाप्त होने के एक सप्ताह के बाद एक दिन गुणवती ने चूण्डा को बुलाकर कहा, "कुँवरजी, मैं पुष्कर तीर्थ जाना चाहती हूँ, दिवंगत राणाजी की अस्थियों को विसर्जित करने। मेरी अनुपस्थिति में राणाजी की देखभाल की समस्त जिम्मेदारी उनकी धाय मानवती पर होगी।"

"जैसी राजमाता की मर्जी। वैसे मैं समझता हूँ कि अस्थि-विसर्जन का काम दिवंगत राणाजी के पुत्रों पर छोड़ा जाना चाहिए। राणा मुकुलजी अभी अबोध हैं, लेकिन मैं तो हूँ। रघुदेव हैं।"

राजमाता गुणवती हठ पकड़ गईं, "नहीं! मेरे प्राचीन पापों का ही परिणाम है कि मैं इतने अल्प समय में विधवा हो गई हूँ, तो कुँवरजी, मुझे ही यह पुण्य-कार्य करने दो। फिर धाय मानवती राणाजी के लिए अपने प्राण तक न्योछावर कर सकती है, उसके सम्बन्ध में मैं पूर्णरूप से आश्वस्त हूँ।"

चूण्डाजी मुस्कराए, "जानता हूँ माताजी! मानवती रघुदेव की धाय रह चुकी है। मेवाड़ के राजवंश के प्रति उसकी निष्ठा असन्दिग्ध है। लेकिन मानवती वृद्धा हो रही है, उसके पुत्र हैं, पौत्र हैं। जब तक राणाजी वयस्क नहीं हो जाते तब तक आपकी छत्रछाया उन पर रहनी उचित है।"

करुण व्यथा के स्वर में गुणवती बोली, "कुँवरजी, मानवती के लिए एकमात्र राणाजी हैं, यह सर्वविदित है। मैं तो औपचारिक रूप से उनकी माँ हूँ। अब मैं राणाजी की देखभाल का भार आप पर और मानवती पर छोड़कर धर्म-कर्म और तीर्थयात्रा में अपना जीवन अर्पित कर देना चाहती हूँ। आपके आग्रह पर मैं सती नहीं हुई, लेकिन राजपूतानी का अपने पति के प्रति जो धर्म है, उसे पूर्ण रूप से नहीं तो आंशिक रूप से निभाना चाहती हूँ।

चूण्डाजी की आँखों में आँसू आ गए। उन्होंने झुककर राजमाता के चरण छुए,

"जैसी आपकी मर्जी, आपकी तीर्थयात्रा का प्रबन्ध मैं किये देता हूँ। लेकिन पुष्कर से आगे आप न जाएँ, मेरी यह विनय है और यथासम्भव शीघ्र-से-शीघ्र वहाँ से लौटने का प्रबन्ध करें।"

गुणवती खिल उठी, "मैं आपको वचन देती हूँ कि तीर्थस्थान में केवल एक सप्ताह रहूँगी, यात्रा में जितना समय लग जाए वह अलग है। आचार्य त्रिलोचन से मेरे साथ चलने को कह दीजिए, वह विधिवत समस्त कर्मकाण्ड की व्यवस्था कर देंगे।"

कुछ चिन्तित स्वर में कुँवर चूण्डाजी बोले, "आचार्य त्रिलोचन इन दिनों कुछ अस्वस्थ हैं, आयु से भी तो पचहत्तर वर्ष के हो गए हैं।"

"काशी के आचार्य सुधाकर अभी तक पिताजी के साथ मेवाड़ में ही हैं, उनसे अपने साथ चलने को कह देती हूँ।" गुणवती बोली।

"हाँ, यह उचित होगा।" और चूण्डा राजमाता की तीर्थयात्रा की व्यवस्था करने को चले गए।

राजमाता ने आचार्य सुधाकर को अपने साथ चलने का आदेश उसी समय दे दिया। आचार्य सुधाकर ने गुणवती की तीर्थयात्रा की सूचना उसी समय राव रणमल को दे दी। रणमल कुछ देर तक सोचते रहे, फिर वह सुधाकर से बोले, "गुणवती कुछ समय तक चूण्डाजी के प्रभाव से मुक्त रहेगी, मारवाड़वालों को इससे अच्छा अवसर नहीं प्राप्त होगा। और यह सूचना भी शुभ है कि गुणवती तुम्हें अपने साथ लिये जा रही है। तुम्हें क्या करना है, यह तुम समझ ही रहे होगे।"

कुटिल मुस्कराहट के साथ आचार्य सुधाकर ने कहा, "आपके कहने की आवश्यकता नहीं है। मैं काशी में शिक्षाप्राप्त ब्राह्मण हूँ, नीतिशास्त्र में विशारद! चूण्डाजी मेरा निरादर कर चुके हैं।"

राजमाता गुणवती ने अपने वचन का पालन किया, ठीक एक पक्ष के बाद वह पुष्कर तीर्थयात्रा से वापस आ गईं। लेकिन गुणवती अब पहचानी नहीं जाती थी, उसने अपने सिर के बाल मुड़वा दिये थे, वैधव्यप्रथा के अनुसार श्वेत वस्त्र धारण कर लिये थे। अपने समस्त आभूषण उसने दान कर दिये थे। हाथ में केवल सोने की दो-दो चूड़ियाँ थीं।

राजमाता का यह वेश देखकर चूण्डा को आश्चर्य हुआ, कुछ दुख भी हुआ। उसने केवल इतना कहा, "यह क्या कर दिया माताजी! इतने कठोर व्रत और त्याग की आवश्यकता क्या थी!"

सन्तुष्ट मुद्रा में मुस्कराते हुए गुणवती ने उत्तर दिया, "कुँवरजी, मेरी मृत्यु तो उसी समय हो गई थी जब तुम्हारे पिता की मृत्यु का समाचार मुझे मिला था। अब तो मैं केवल राणा मुकुलजी के लिए जीवित हूँ, सुहाग तो जाता ही रहा।"

राव रणमल भी उस समय आ गए थे अपनी बेटी का स्वागत करने। रणमल फूट-फूटकर रोने लगे, "हाय मेरी बेटी! यह भी दिन देखना बदा था मुझे! मैं तो मन्दौर जाने की तैयारी कर रहा था, लेकिन अभी कुछ दिन और रुकना पड़ेगा यहाँ—ऐसा दिखता है। वर्षाऋतु के बाद ही जाना हो सकेगा, तेरे दुख को देखकर कलेजा फटा जा रहा है।"

अपने पिता के इस ममता-प्रदर्शन से गुणवती प्रभावित हुई, "आप मेरे पिता हैं, आपसे इसी बात की आशा है। मन्दौर लौटकर अभी कीजिएगा क्या? जोधाजी तो वहाँ हैं ही। कुँवर चूण्डाजी मेवाड़ राज्य की व्यवस्था सँभाल रहे हैं। अधिकांश समय इनका चित्तौड़ से बाहर ही बीतता है। राणाजी की शिक्षा-दीक्षा की देखभाल का प्रबन्ध कुछ दिन आप कर दीजिए, फिर आप चले जाइएगा। मैं तब तक स्वयं व्यवस्थित हो जाऊँगी।" और अपनी दासियों के साथ राजमाता गुणवती अपने कक्ष में चली गईं।

कुँवर चूण्डाजी का जीवन कर्म और निष्ठा का जीवन था, मनन और चिन्तन का जीवन नहीं था। मनोवैज्ञानिक गुत्थियों का उन्हें ज्ञान नहीं था। धर्म और भावना एक स्थान पर ऐसे आवेश का रूप धारण कर लेते हैं जिसे पागलपन कहा जा सकता है। लेकिन इस आवेश में स्थायित्व बहुत कम होता है, और इस आवेश की प्रतिक्रिया भी होती है। उस प्रतिक्रिया का रूप क्या होता है, यह निश्चित रूप से नहीं बताया जा सकता। इस आवेश को पागलपन की संज्ञा भी दी जा सकती है और इस आवेश का लाभ भी किन्हीं लोगों द्वारा उठाया जा सकता है। रणमल सुस्पष्ट रूप से तो नहीं, लेकिन एक लम्बी जिन्दगी के लम्बे अनुभव के चलते अपनी सुख-सुविधा और अपने आमोद-प्रमोद और हितों के प्रति सर्वथा जागरूक था।

गुणवती के पास से लौटकर रणमल ने आचार्य सुधाकर से एकान्त में बातचीत की। रणमल ने पूछा, "तुम्हारे रहते हुए गुणवती ने यह सबकुछ कर डाला, तुमने रोका क्यों नहीं?"

"सरकार! धर्म के कामों में मैंने बाधा देना उचित नहीं समझा। जो कुछ उन्होंने किया है, वह सब अपनी अन्दरवाली भावना को जबरदस्ती दबाने के लिए किया

है। लेकिन वह सब दबेगा नहीं—यह पुत्र के प्रति मोह, यह सत्ता के प्रति मोह, यह सब जल्दी ही जागेगा, बहुत उग्र रूप में जागेगा। और उसका लाभ सरकार मेवाड़ में राठौरों की स्थापना के लिए सहज ही उठा सकेंगे। इस समय आपकी बेटी में किसी के प्रति मोह नहीं है। न चूण्डाजी के प्रति मोह, न आपके प्रति मोह। मात्र मुकुलजी के प्रति मोह है। एक नये अध्याय का आरम्भ हो रहा है।"

पता नहीं राव रणमल की समझ में आचार्य सुधाकर की बात आई, या स्वयं आचार्य सुधाकर ही अपनी बात ठीक तौर से समझ रहे थे—लेकिन जो कुछ आचार्य सुधाकर ने कहा, वह एक बड़ा सत्य था।

छठा परिच्छेद

धर्म की रक्षा करने के लिए राणा लाखा के साथ जानेवाले पाँच हजार सैनिकों एवं सामन्तों में से केवल एक हजार से कुछ अधिक लोग ही मेवाड़ वापस लौटे, वह भी घायल, थके हुए, टूटे हुए। उनके वापस लौटने पर फिर से मेवाड़ में शोक-पर्व छा गया। न जाने कितनी स्त्रियाँ सती हो गईं, न जाने कितनी वैधव्य का भार ढोने लगीं। अनगिनती बच्चे अनाथ हो गए।

राजपूतों का समस्त इतिहास विनाश और असामयिक मृत्यु का इतिहास है। मेवाड़ की जनशक्ति के इस विनाश पर युवराज चूण्डाजी के मन में एक तरह का विषाद भर गया। अनाथों-विधवाओं के प्रति असीम करुणा, सिसौदिया वंश का ह्रास—चूण्डाजी के आगे एक समस्या और आ खड़ी हुई।

लेकिन वहीं राव रणमल के मन में एक तरह के पुलक और सन्तोष की भावना भर गई। रणमल राठौर वंश का था न! अनादिकाल से यह वंश-परम्परा राजपूतों में अभिशाप के रूप में रही है और इसी वंश-परम्परा की छोटी-छोटी विकृतियों ने राजपूतों की शौर्यवाली परम्परा को बुरी तरह ढक लिया था।

कन्नौज के राठौर राजा जयचन्द के गोरी के हाथ से पराजित होने के बाद राठौरों ने भागकर राजस्थान के मरुप्रदेश मारवाड़ में शरण ली। जनहीन-सा पड़ा हुआ था मारवाड़ का वह प्रदेश। और वहाँ भागकर बसनेवाले राठौरों को अपनी स्थापना के लिए मनुष्यों के साथ नहीं, स्वयं प्रकृति के साथ तीन सौ वर्षों तक

संघर्ष करना पड़ा था। और, इस संघर्ष के बावजूद, वह क्षेत्र मरुप्रदेश की भयानक असुविधाओं के कारण हमेशा अभावग्रस्त पड़ा रहा।

स्वयं में आध्यात्मिक होते हुए भी व्यक्तिवाद समाजविरोध न सही, समाज को शिथिल करनेवाला तत्त्व है। व्यक्ति, परिवार, कुल, जाति, इन सबके ऊपर है मानव-समाज। लेकिन यह सब वैयक्तिक चेतना के साथ-साथ सामाजिक चेतना पर आधारित है। वैसे सबकुछ सिमटकर अन्ततोगत्वा वैयक्तिक चेतना में ही निहित हो जाता है। मनुष्य में अपना स्वार्थ एक स्वाभाविक प्रवृत्ति है। अपने से ऊपर उसका परिवार आता है, परिवार फैलकर वंश और कुल बन जाता है। इन सबकी चेतना अन्य व्यक्तियों, परिवारों एवं वंशों और कुलों का सामना करने के लिए ही होती है। इनसे उठकर जाति-धर्म, फिर उनसे उठकर प्रदेश और देश। यह सब इकाइयाँ बनती हैं, दूसरी इकाइयों का मुकाबला करने के लिए। एक सम्पूर्ण इकाई की परिकल्पना असम्भव है।

बौद्धिक मानव के विकास का अब तक यह क्रम रहा है। लेकिन राजपूतों के इतिहास में कुल और वंश से ऊपर उठकर क्षेत्रीय एवं भौगोलिक परिवेश तक फैलने की परिकल्पना नहीं मिलती। हाँ, जाति और धर्म तक फैलने के उदाहरण जहाँ-तहाँ अवश्य मिलेंगे।

राव रणमल की सामाजिक चेतना केवल वंश-परम्परा तक ही विकसित हुई थी, और मेवाड़ की भूमि पर सिसौदियों के उनमूलन तथा राठौरों की स्थापना पर आकर रुक गई थी। राणा मुकुलजी उनके दौहित्र होते हुए भी सिसौदिया वंश के थे। हिन्दू धर्म इस भेदभाव में कुछ अजीब ढंग से संकुचित है। इस धारणा के पीछे रणमल का वह विकृत रूप था जिसमें लेशमात्र आध्यात्मिकता नहीं थी, अगर कुछ था तो व्यक्तिवाद की भौतिक शक्ति, प्रभाव तथा सुख-सुविधा की विकृति।

राव रणमल के ज्येष्ठ पुत्र जोधा के तीन पुत्र थे, इनमें सबसे बड़ा था सिंहा। सिंहा की अवस्था प्राय: आठ-दस वर्ष थी। राव रणमल की पारिवारिक ममता सिंहा पर थी। वह चाहते थे कि मेवाड़ का सम्पन्न और शक्तिशाली राज्य सिंहा के हाथ में आ जाए। दौहित्र दूसरे कुल का होता है, पौत्र अपने कुल का होता है। राव रणमल आए तो थे कुछ समय के लिए मारवाड़ के कठोर जीवन से हटकर एक सम्पन्न भूमि तथा अनुकूल जलवायु में रहकर विलासितामय समय बिताने, लेकिन आठ-दस मास तक चित्तौड़ में रहने के बाद उनके अन्दर अपने दौहित्र के

स्थान पर पौत्र को मेवाड़ की गद्दी पर बिठाकर मेवाड़ में राठौरों की स्थापना की भावना जाग उठी थी।

राव रणमल की सन्तानों में जहाँ जोधा में ईमानदारी और आत्मनिर्भरता के गुण प्रमुख थे—उसमें बुद्धिमानी थी, वहाँ गुणवती में बुद्धिहीनता की सीमा तक पहुँचनेवाला भोलापन था। उसमें भावना का आवेश और आवेग था। गुणवती को अपने पिता की विलासिता का पता तो था, लेकिन अपने पिता की कलुष-प्रवृत्ति की वह कल्पना ही नहीं कर सकती थी।

पश्चिम में मेवाड़ के शासन से विद्रोह करनेवाले भीलों एवं अहेरियों का दमन करने तथा अरावली पर्वत से और अधिक मात्रा में खनिज प्राप्त करने के क्रम में चूण्डा का अधिकांश समय चित्तौड़ से बाहर ही बीतता था। रणमल ने राणा मुकुलजी की देखभाल का भार उठा लिया था। लेकिन उन्होंने मेवाड़ की जनशक्ति के क्षय का अनुभव करके तथा चूण्डाजी की अनुपस्थिति से लाभ उठाने के क्रम में मारवाड़ के प्रायः दस सामन्तों को अपने परिवारों तथा चुने हुए सैनिकों सहित मेवाड़ में आकर बसने का निमंत्रण आचार्य सुधाकर द्वारा भेज दिया।

क्वाँर का महीना था, चित्तौड़ में विजयादशमी का उत्सव मनाया जा रहा था। इस उत्सव के उपलक्ष्य में कुँवर चूण्डाजी चित्तौड़ में ही थे। अष्टमी का दिन था, भवानी दुर्गा का पूजन हो गया था। राणा मुकुलजी पूजन करने के बाद रनिवास में चले गए थे, और राव रणमल अपने सामन्तों के साथ आमोद-प्रमोद में लग गए थे। कुँवर चूण्डाजी दूसरे दिन राणा मुकुलजी की सवारी के प्रबन्ध में थे। मेवाड़ के सामन्तों के आगमन का ताँता लगा हुआ था। सूर्यास्त हो रहा था। चित्तौड़गढ़ का फाटक बन्द होने में प्रायः आध घंटा बाकी रह गया था कि फाटक के मुख्य प्रहरी ने चित्तौड़ के फाटक पर मारवाड़ के पाँच सामन्तों और उनके परिवारों तथा उनके साथ पचास सशस्त्र सैनिकों के आने की सूचना कुँवर चूण्डाजी को दी। चूण्डाजी तत्काल फाटक पर पहुँचे क्योंकि उन्होंने तो मारवाड़ के सामन्तों तथा उनके परिवारों और अनुयायियों को आमंत्रित नहीं किया था। उनके साथ मेवाड़ के प्रायः एक सौ सैनिक थे। उन्होंने पूछा, "आप लोगों ने अपने परिवार तथा सैनिकों के साथ मेवाड़ आने का कष्ट कैसे उठाया?"

एक सरदार ने उत्तर दिया, "हमें राव रणमल ने चित्तौड़ आकर यहाँ बसने का निमंत्रण दिया है। उनकी आज्ञा से ही हम लोग आए हैं।"

चूण्डा की भँवें तन गईं। उन्होंने कहा, "राव रणमल मेवाड़ में हम लोगों के मेहमान हैं, उन्हें आदेश अथवा आज्ञा देने का कोई अधिकार नहीं। मेवाड़ सिसौदिया राजपूतों का प्रदेश है, राणा मुकुलजी यहाँ के अधिपति हैं, मैं राणा का अभिभावक हूँ। राणा मुकुलजी की तरफ से मैं आप लोगों को आज्ञा देता हूँ कि आप लोग तत्काल यहाँ से मारवाड़ की ओर रवाना होकर पाँच कोस की दूरी पर अपना पड़ाव डालें, और तीन दिन के अन्दर ही मेवाड़ की सीमा से बाहर हो जाएँ। राजाज्ञा की उपेक्षा करने का परिणाम तो आप लोगों को मालूम होगा ही।"

मारवाड़ के सामन्तों ने सौ से अधिक सशस्त्र सैनिक अपने सामने देखे, उन्होंने आपस में विचार-विमर्श किया, फिर दूसरे सरदार ने कहा, "आप रणमल को हम लोगों के यहाँ आने की सूचना तो दिलवा दीजिए।"

"इसकी कोई आवश्यकता नहीं। यह व्यवस्था सिसौदिया कुल की है, राव रणमल इस व्यवस्था के भागी नहीं हैं। अभी संध्या हुई है, दो घंटे में आप लोग पाँच कोस की यात्रा कर लेंगे।" चूण्डा ने सुदृढ़ भाव से कहा, "मेवाड़ के सैनिक आपके पड़ाव की व्यवस्था कर देंगे।" और वह अपने सैनिकों को फाटक पर छोड़कर गढ़ के अन्दर चले गए।

राव रणमल उस समय अपने सामन्तों के साथ आमोद-प्रमोद में व्यस्त थे, उन्हें इस सबका पता ही नहीं चल पाया।

दूसरे दिन राजदरबार में चूण्डाजी ने राणा मुकुलजी का अपने हाथों से तिलक किया, इसके बाद समस्त सामन्तों ने राणा मुकुलजी को भेंटें दीं। राव रणमल उस दरबार में उपस्थित थे और वह उत्सव उनकी आँखों में गड़ रहा था। असीम भक्ति और आस्था थी सामन्तों में चूण्डाजी के प्रति। दरबार के अन्त में चूण्डाजी ने गया के अभियान में मृत सैनिकों के परिवारों को एक-एक सहस्र रौप्य मुद्राएँ दीं। समस्त दरबार में एक हर्ष-ध्वनि गूँज उठी। राजमाता का मस्तक गर्व से ऊँचा हो गया। सिसौदियों में एक नया उत्साह, एक नई उमंग और असीम स्वामिभक्ति थी अपने राणा के प्रति।

आचार्य सुधाकर को मेवाड़ से गए हुए तीन माह से अधिक हो गए, लेकिन राव रणमल को मारवाड़ की गतिविधियों का कोई समाचार नहीं मिला। राणा लाखा की मृत्यु एवं गया में मेवाड़ की सैन्य शक्ति के ह्रास के फलस्वरूप पश्चिम में भीलों और अहेरियों के जो विद्रोह उठ खड़े हुए, कुँवर चूण्डाजी उनके दमन का

कार्यक्रम बना रहे थे। राव रणमल का हृदय जैसे डूबता जा रहा था, गुणवती पर चूण्डा के व्यक्तित्व का पूरा प्रभाव था।

दीपावली पर्व आ रहा था। राव रणमल ने सामन्त बीजा से कहा, "बीजा, सुधाकर मर गया वहाँ जाकर, जरा मन्दौर जाकर खबर तो ले, वहाँ सब ठीक से है न!"

"कोई अनिष्ट की बात तो नहीं है, नहीं तो सरकार के पास सूचना जरूर आती। लेकिन आपकी आज्ञा है तो मैं दीवाली के बाद द्वितीया के दिन मारवाड़ की यात्रा पर निकल जाऊँगा, इस बीच तैयारी भी कर लूँ।"

लेकिन बीजा को मन्दौर जाने के लिए यात्रा की तैयारी नहीं करनी पड़ी, दीपावली के तीन दिन पहले, यानी द्वादशी के दिन आचार्य सुधाकर ही चित्तौड़ पहुँच गए।

नित्य की भाँति संध्या के समय राव रणमल का दरबार लगा। आचार्य सुधाकर उस दरबार में उपस्थित हुए। रणमल ने तनिक बिगड़कर कहा, "मैंने तुम्हें जिन सरदारों को यहाँ ले आने को कहा था, वे अभी तक नहीं आए। तीन मास से अधिक हो गया, और तुमने मुझे कोई सूचना भी नहीं दी!"

हाथ जोड़कर सुधाकर ने कहा, "वे सब विजयादशमी के दो दिन पहले अपने परिवारों तथा सैनिकों के साथ चित्तौड़ आए थे, लेकिन उन सबों को कुँवर चूण्डा ने उसी समय चित्तौड़ से वापस भेज दिया। यही नहीं, एक सौ सैनिकों की देखभाल में उन्होंने उन सबको मेवाड़ की सीमा से बाहर करा दिया। वे सब बड़े अपमानित और विक्षुब्ध हैं। कुँवर चूण्डा ने उनके यहाँ आने की सूचना भी सरकार को देने से इनकार कर दिया।"

राव रणमल ने आश्चर्य के साथ कहा, "वे आए और उल्टे पैर वापस भी चले गए! और मुझे इस सबकी खबर ही नहीं मिली! मैं गुणवती से चूण्डा के दुस्साहस की शिकायत करूँगा।" फिर कुछ सोचकर बोले, "नहीं, गुणवती से कुछ कहना-सुनना गलत होगा, वह पूरी तौर से चूण्डा के प्रभाव में है। जैसे-जैसे समय बीतता जाता है, सिसौदिया वंश के लोग शक्तिशाली हो रहे हैं।"

सरदार बीजा तेजी से सोच रहा था, उसने कहा, "अभी सिसौदियों की शक्ति बढ़ने में समय लगेगा। आप शान्त भाव से राणा मुकुलजी को हिला लीजिए, वह अबोध बच्चा है। आप धीरे-धीरे कुशलतापूर्वक चूण्डा के विरुद्ध अपनी बेटी के कान भरते रहिए, वह आखिर स्त्री ही है, और स्त्री में बुद्धि का अभाव होता है।"

राव रणमल ने यह प्रसंग बन्द किया और फिर से मदिरा के दौर चलने लगे।

राव रणमल की लिप्सा बढ़ती जा रही थी। एक दिन अवसर पाकर रणमल ने अपनी बेटी से कहा, "मुझे आए हुए प्राय: सात-आठ महीने हो गए, लेकिन राणा मुकुलजी से मुझे इतने ही समय में अत्यधिक मोह हो गया है। चूण्डाजी का अधिकांश समय चित्तौड़ के बाहर बीतता है, राणाजी की देख-भाल पूरी तौर से मेरे ऊपर आ पड़ी है। कब तक मैं यहाँ चित्तौड़ में पड़ा रहूँ? सिंहा का मोह भी मुझे है।"

गुणवती के अन्दर धर्मवाला आवेग धीरे-धीरे कम होता जा रहा था, और अपने पुत्र के प्रति ममता उसमें बढ़ती जा रही थी। विराग का स्थान अनुराग ने ग्रहण कर लिया था। उसने कुछ सोचकर कहा, "साल-दो साल अभी आप यहाँ और रहें तो अच्छा होगा। आप सिंहा को भी यहीं बुला लीजिए, राणाजी को अपना एक हमजोली भी मिल जाएगा। जोधाजी को देखे हुए मुझे काफी वर्ष हो गए हैं, उन्हें भी एक सप्ताह के लिए यहाँ बुला लीजिए।"

"इसमें एक बाधा है।" रणमल ने उत्तर दिया, "कुँवर चूण्डाजी को जोधाजी का या सिंहाजी का चित्तौड़ आना पसन्द आएगा या नहीं, तुम उनसे पूछ देखो। वह मेवाड़ के राणा तो नहीं हैं, लेकिन मेवाड़ पर शासन उनका ही है।"

"जहाँ तक मेरी जानकारी है, आपसे तो कभी उन्होंने कुछ कहा नहीं।"

बड़े भोलेपन के साथ राव रणमल ने उत्तर दिया, "मुझसे तो उन्होंने कुछ नहीं कहा, मैं बूढ़ा आदमी—मुझे वह अस्तित्वविहीन समझते हैं। लेकिन जोधाजी और सिंहाजी को यहाँ बुलाने के लिए उनकी सहमति ले लो। इसमें उन्हें कोई आपत्ति तो न होगी।'

"मेरे पिता और भाई के मामले में चूण्डाजी को हस्तक्षेप करने का क्या अधिकार है?" तमककर गुणवती ने कहा।

"कुँवर चूण्डाजी राणा लाखा के बाद सिसौदियों के शिरोमणि हैं, राजा मुकुलजी तो नाममात्र के राणा हैं।"

अपने ओठों पर उँगली रखते हुए गुणवती बोली, "ऐसा मत कहिए। दिवंगत राणाजी तो कुँवर का तिलक करना चाहते थे, कुँवरजी ने ही राणाजी को उनके वचनों की याद दिलाकर मुकुलजी का तिलक करवाया। कुँवरजी के विरुद्ध कुछ सोचना पाप है।"

कुछ रुककर गुणवती बोली, "मैं सोचती हूँ कि आप अभी जोधाजी और सिंहाजी को मत बुलाइए। मुझे अपने भाई को देखे जहाँ छह वर्ष हो गए, वहाँ साल-दो साल और सही। कुँवर चूण्डाजी पर मैं अविश्वास नहीं कर सकती। इस पाप के लिए मेरा मन तैयार नहीं है।"

रणमल बोले, "मैं जो कह रहा हूँ राणा मुकुलजी के हित में ही कह रहा हूँ। कुँवर चूण्डाजी पर सिसौदियों का असीम विश्वास है। भावना का आवेग अडिग और स्थायी नहीं होता। मेरा यहाँ रहना चूण्डाजी को अच्छा नहीं लगता, इसका मुझे कुछ भान हो रहा है। कुछ दिन पहले मैंने उनसे कहा था कि वह पश्चिम में गुर्जर प्रदेश के कुछ भागों को तथा भीलों के प्रदेश को जीतकर अपना स्वतंत्र राज्य स्थापित करें। लेकिन मेरा प्रस्ताव उन्हें नहीं रुचा। उनके छोटे भाई रघुदेव ने मेवाड़ में ही अपना हिस्सा ले लिया है, कुँवर चूण्डाजी ने अपना कोई इलाका नहीं लिया। कुँवरजी का विवाह हो चुका है, उनके बच्चे हैं, अपने लिए न सही अपने पुत्रों के लिए तो वह इलाका ले सकते थे या अपना राज्य स्थापित कर सकते थे। मैंने कुँवरजी की सहायता के लिए कुछ राठौर सैनिकों को बुलाया था, लेकिन उन्होंने मेवाड़ में राठौरों के प्रवेश पर रोक लगा दी है। मुझे तो ऐसा लगता है कि उनमें मेवाड़ का अधिपति बनने की लालसा अब जागने लगी है।"

गुणवती अब चक्कर में पड़ गई, कुछ देर तक वह सोचती रही। फिर उसने कहा, "जो कुछ आपने कहा वह आपका भ्रममात्र है। जहाँ तक राठौरों के चित्तौड़ में आने का प्रश्न है, शायद कुँवर चूण्डाजी ने ठीक ही किया। राठौरों को मारवाड़ में ही अपनी स्थिति ठीक करनी है, मैं तो अब सिसौदिया वंश में आ गई हूँ। स्त्री तो उसी वंश की हो जाती है जिसमें उसका विवाह होता है। गया के अभियान में सिसौदियों की जनशक्ति का जो ह्रास हुआ है, उससे कुँवरजी का चिन्तित होना स्वाभाविक है। जब तक राणा मुकुलजी वयस्क नहीं हो जाते तब तक सिसौदियों के हितों तथा उनके गौरव की रक्षा का भार कुँवर चूण्डाजी पर है।" और राजमाता गुणवती अपने पिता को प्रणाम करके चली गईं।

सातवाँ परिच्छेद

अरावली पर्वतमालाओं के दक्षिण में तथा चित्तौड़गढ़ के उत्तर-पश्चिम से लेकर उत्तर-पूर्व तक एक बड़ा भू-भाग फैला है, जिसमें अगम्य जंगल और पथरीले व अनुपजाऊ भूभाग हैं। यह आदिवासी भीलों का क्षेत्र कहलाता है। यह भूभाग मेवाड़ का ही भाग है। इसी भाग से मिला हुआ अरावली का वह क्षेत्र है जहाँ प्रचुर मात्रा में खनिज पदार्थ मिलते हैं। अरावली की खानों पर कब्जा करने के लिए पश्चिम से सशस्त्र गुर्जरों के छोटे-छोटे दलों के प्रवेश की खबरें कुँवर चूण्डाजी को मिल रही थीं। यह भीलों का प्रदेश नाममात्र के लिए ही मेवाड़ का भाग था। यह एक तरह से स्वतंत्र था। गया में सिसौदिया सैनिकों की मृत्यु के बाद तो यह प्रदेश बिलकुल ही व्यवस्थाहीन हो गया था। इस प्रदेश के आदिवासी भील आर्य सभ्यता से एकदम कटे हुए—कठिन जीवन और भोजन के लिए शिकार पर अवलम्बित। दूर-दूर तक निर्जन भूखंड, वन्य पशुओं से भरे हुए। गुर्जर सैनिकों का एकमात्र उद्देश्य अरावली की चाँदी और ताँबे की खानों पर कब्जा ही हो सकता था। और कुँवर चूण्डा को पता था कि मेवाड़ की सम्पन्नता और समृद्धि के लिए चाँदी और ताँबे की आवश्यकता है। मेवाड़ के राजकोष में जो चाँदी के सिक्के थे, उनका एक बड़ा भाग कुँवर चूण्डाजी ने मेवाड़ के मृत सैनिक परिवारों को स्वयं राजकीय सहायता के रूप में वितरित कर दिया था। फलस्वरूप रिक्त राजकोष को भरने के लिए अरावली की खानों से चाँदी निकालने का कार्यक्रम तेज कर दिया था। इन

गुर्जरों के प्रवेश ने मेवाड़ राज्य के लिए नई समस्या खड़ी कर दी।

कुँवर चूण्डा ने प्राय: एक सौ विश्वस्त सामन्तों तथा सैनिकों को इस प्रदेश में प्रवेश करनेवाले गुर्जरों को निकाल बाहर करने के अभियान में चलने की तैयारी का आदेश दिया। कार्तिकी पूर्णिमा के दिन प्रात:काल स्नानपूजन करने के बाद चूण्डा राजमाता गुणवती के समक्ष उपस्थित हुए। राजमाता को अभिवादन करके चूण्डा ने कहा, "भीलों के प्रदेश में गुर्जरों के प्रवेश के समाचार आ रहे हैं। मैं एक सौ सिसौदिया सैनिकों के साथ, मेवाड़ और गुर्जर प्रदेश की सीमा की ओर प्रस्थान कर रहा हूँ। पचास सैनिकों को सीमा पर तैनात करके, जिससे कि अधिक गुर्जर सैनिक प्रवेश न कर सकें, मैं अन्य पचास सैनिकों को लेकर पूर्व की ओर बढ़ूँगा, वहाँ जो गुर्जर सैनिक पहुँच गए हैं उन्हें निर्मूल करते हुए। इसमें मुझे शायद एक महीना या इससे अधिक लग जाएगा।"

कुछ चिन्तित होकर गुणवती ने पूछा, "फिर चित्तौड़ की व्यवस्था का क्या होगा?"

"आप समर्थ हैं, समस्त सामन्तगण एवं अधिकारी आपके आदेशों का पालन करेंगे। फिर मैंने कैलवाड़ा से रघुदेव को बुला लिया है, आपकी सहायता करने के लिए। जब तक मैं वापस नहीं लौटता, रघुदेव यहाँ रहेगा।"

राजमाता गुणवती ने कहा, "रघुदेव को बुलाने की आवश्यकता तो नहीं थी। मेरे पिताजी हैं ही। वह मन्दौर जाना चाहते थे, मेरे आग्रह पर कुछ दिनों के लिए और रुक गए हैं।"

इस बार चूण्डा को आश्चर्य हुआ, "राव रणमल मन्दौर जाना चाहते थे? उन्हें यहाँ रोकने में शायद आपसे कुछ भूल हो गई है।" और जैसे चूण्डा को तत्काल यह भान हुआ कि राव रणमल के सम्बन्ध में यह बात कहकर उनसे ही कुछ गलती हुई, वह बोले, "राव रणमल के यहाँ रहते राणा मुकुलजी का कोई अहित नहीं होगा। मैं रघुदेव से कह देता हूँ कि वह कुछ दिनों तक यहाँ रहकर कैलवाड़ा लौट जाए। फिर स्वयं राजमाता तो हैं यहाँ।" इस बार चूण्डा ने मुस्कराते हुए कहा, "राजमाता को जब भी आवश्यकता महसूस हो, रघुदेव को सन्देश भिजवा दें, और मेरी अनुपस्थिति में मेवाड़ की व्यवस्था स्वयं राजमाता अपने हाथ में ले लें।"

गुणवती भी मुस्कराई, "भरसक प्रयत्न करूँगी कुँवरजी। लेकिन जल्दी ही लौटने का प्रयत्न कीजिएगा।"

कुँवर चूण्डा ने गुणवती के चरण छुए, और उसी दिन सौ सैनिकों-सामन्तों

को साथ लेकर उत्तर-पश्चिम की यात्रा पर निकल पड़े। चलने के पहले चूण्डा ने रघुदेव से कहा, "एक सप्ताह चित्तौड़ में रहकर और यहाँ की व्यवस्था देखकर तुम कैलवाड़ा चले जाना। मैंने गढ़पति और सेनानायक को आदेश दे दिया है कि राठौरों पर कड़ी नजर रखी जाए, और बाहर से आनेवाले राठौरों को चित्तौड़ में प्रवेश न करने दिया जाए। तुम सप्ताह में दो-एक दिन के लिए चित्तौड़ आकर राजमाता और राणा की खोज-खबर ले लिया करना।"

दूसरे दिन प्रात:काल राव रणमल को खबर मिली कि पिछली संध्या के समय चूण्डा एक मास के अभियान पर भीलों के प्रदेश की ओर चले गए हैं। यह खबर पाते ही रणमल ने सरदार बीजा और आचार्य सुधाकर को बुला भेजा।

वह संध्या चित्तौड़वासियों के लिए एक घुटन और उदासी की संध्या थी। चूण्डा के प्रस्थान का समाचार हरेक चित्तौड़-निवासी को मिल गया था। लेकिन उस शाम को राव रणमल के निजी दरबार में चहलपहल थी, उल्लास और उत्सव का वातावरण था।

सब लोगों के एकत्रित हो जाने के बाद मदिरा के दौर चलने लगे। एक दौर समाप्त हो जाने के बाद रणमल ने सुधाकर से पूछा, "कुँवर चूण्डाजी की यात्रा कैसे मुहूर्त में हुई?"

सुधाकर ने पंचांग के पृष्ठ उलटे, फिर गणित का सहारा लेकर वह बोले, "महाराज, इस मुहूर्त को एक तरह से तत्काल अशुभ नहीं कहा जा सकता, लेकिन चूण्डाजी के जीवन में कुछ परिवर्तन का द्योतक है, जो उनके लिए अहितकर सिद्ध होगा।"

उसी समय सरदार बीजा ने सुझाव दिया, "महाराज, आप राजमाता से फिर कहिए कि वह जोधाजी को उनके परिवारवालों के साथ आमंत्रित करें। जोधाजी के साथ सात-आठ राठौर सामन्त चित्तौड़ में प्रवेश पा सकते हैं।"

रणमल कुछ देर तक सोचते रहे, फिर उन्होंने आचार्य सुधाकर की ओर देखा, "सुना सुधाकर तुमने बीजा का मत? तुम्हारा क्या मत है? अभी कुछ दिन पहले गुणवती जोधाजी को यहाँ निमंत्रित करने के लिए मना कर चुकी है।"

आचार्य सुधाकर बोले, "चूण्डाजी के जाने के बाद फिर से आपका यह प्रस्ताव राजमाता में राठौरों के प्रति संशय और शंका की पुष्टि कर सकता है। मैं समझता हूँ कि महाराज का यह प्रस्ताव राठौरों के लिए अहितकर होगा।"

दरबार के अन्य सामन्तों ने आचार्य सुधाकर के मत से सहमति प्रकट की।

सुधाकर ने बात आगे बढ़ाई, "कुँवर चूण्डाजी बुद्धिमान राजनीतिज्ञ हैं। चित्तौड़ में अपनी अनुपस्थिति के दौरान गढ़ की व्यवस्था उन्होंने अपने छोटे भाई रघुदेव को सौंप दी है। रघुदेव बड़ी धार्मिक प्रवृत्ति के, पराक्रमी और चरित्रवान व्यक्ति हैं। साथ ही, राजमाता का रघुदेव पर पूरा विश्वास भी है।"

कुछ क्रुद्ध और पराजित स्वर में रणमल बोले, "वह हरामजादी पूरी तरह से सिसौदिया वंश में समा गई है। राठौरों पर उसे किंचित विश्वास नहीं।"

बात वहीं-की-वहीं समाप्त हो गई। फिर मदिरा के दौर चलने लगे।

जिस आशा और उत्साह के साथ उस दरबार का आरम्भ हुआ था, वह नष्ट हो गया। धीरे-धीरे विषाद और निराशा की भावना छाने लगी और दरबार जल्दी ही समाप्त कर दिया गया।

आचार्य सुधाकर मदिरा से दूर ही रहते थे। वह संध्याकाल भाँग का बड़ा गोला चढ़ाते थे, और भंग की तरंग में उनकी बुद्धि और प्रतिभा जाग जाती थी। उस समय उनकी भाँग गमक रही थी। एकान्त पाकर उन्होंने रणमल से हाथ जोड़कर कहा, "महाराज, अगर आप बुरा न मानें तो एक बात कहूँ, रानी अमिया आपके आने से बड़ी उदास रहने लगी हैं, महाराज की कुशलक्षेम जानने के लिए भी वह बहुत चिन्तित रहती हैं। अनुचित न समझें तो महाराज अपनी सेवा के लिए रानी अमिया को यहाँ बुला लें।"

अमिया का नाम सुनते ही महाराज भड़क उठे, फुफकार के स्वर में बोले, "वह हरामजादी गोली भी गुणवती का ही पक्ष लेगी। एकदम बुढ़िया दिखने लगी है। उसे देखकर ही मुझे उबकाई आने लगती है।"

सुधाकर ने रणमल को समझाया, "लेकिन वह महाराज की और राठौर वंश की बड़ी हितू है। जोधाजी पर उसकी असीम ममता है। रानी अमिया से आपको बड़ी सहायता मिलेगी। राजमाता गुणवती उन्हें अपनी माता की तरह मानती हैं।"

राव रणमल को एक नई प्रकाश की किरण दिखाई दी, "ठीक कहते हो, गुणवती की मति फेरने के लिए अमिया का सहारा लेना ही उचित होगा। तुम एक-दो दिन में मन्दौर जाकर जल्दी-से-जल्दी अमिया को अपने साथ ले आओ। यह बात मुझे पहले सूझी ही नहीं थी।"

नियति का क्रम चल रहा था, एक अजीब अनजाने ढंग से। मेवाड़ प्रदेश के उत्तर में अरावली पर्वतमालाओं को पार करने के बाद मेवाड़ का प्रदेश आरम्भ होता है जो अधिकांश में मरुप्रदेश है। अरावली के दक्षिण में गहन जंगलोंवाला प्रदेश है, अगम्य, वन्य पशुओं से भरा हुआ, जहाँ छोटे-छोटे दलों में आदिवासी बिखरे हुए हैं। यह आदिवासी अधिकांश में भील हैं, आर्यों की सभ्यता से नितान्त दूर।

तीन दिनों की यात्रा के बाद कुँवर चूण्डा ने भीलों के प्रदेश में प्रवेश किया। एक विचित्र-सा सन्नाटेवाला प्रदेश। दुर्गम जंगल ही चारों ओर फैले हुए थे, दूर-दूर तक मानव-निवास का कोई चिह्न नहीं था। कहीं आगे बढ़ने के लिए पगडंडी तक नहीं थी। जैसे मानव वहाँ तक आते-आते सहम गया हो। पशुओं से भरा हुआ वह समस्त अंचल भय की एक चुनौती थी। कुँवर चूण्डा ने एक स्थान पर खड़े होकर उस अगम्य जंगल पर नजर डाली। एकाएक उनकी दृष्टि एक बनैले पर पड़ी। कुँवर चूण्डा ने अपना बर्छा सँभाला और घोड़े को उसकी ओर मोड़ दिया। एक संघर्ष-सा आरम्भ हुआ मानव के साहस और प्रकृति की कठिनाइयों में। बनैला घुसा जा रहा था जंगल में अपनी रक्षा करने, मनुष्य उसका पीछा कर रहा था उसका शिकार करने। बनैले के पीछे कुँवर चूण्डा द्रुत गति से प्रायः दो कोस तक पीछा करते रहे। उन्हें सामने एक छोटी सी नदी दिखी। बनैला तो तेजी के साथ नदी पार कर गया, लेकिन घोड़ा कुछ हिचका। चूण्डा की पहुँच से बनैला थोड़ा आगे बढ़ गया था। नदी की दूसरी ओर जंगल कुछ हलका था। लेकिन यह दौड़ अधिक नहीं चली। कुँवर चूण्डा ने देखा कि दूर कहीं से एक तीर आकर बनैले के शरीर में धँस गया है।

इतनी तेजी के साथ यह घटना घटी थी कि कुँवर चूण्डा को स्थिति का बोध तब हुआ जब बनैला मुड़कर घोड़े पर प्रहार करने के लिए पाँच-छः हाथ की दूरी पर आ गया था। चूण्डा ने बनैले पर बर्छे का भरपूर प्रहार किया जिससे बनैला लड़खड़ा गया, और उसी समय दूसरा तीर बनैले के शरीर में धँसा। बनैला जमीन पर गिर पड़ा, निष्प्राण होकर। घोड़े पर बैठे-बैठे उनकी आँखें जंगल में उस व्यक्ति को खोजने के लिए घूमीं। दूर एक टीले से एक भीलनी हाथ में कमान लिये हुए नीचे उतर रही थी। भीलनी कमर तक वस्त्र पहने हुए वलिष्ठ युवती थी। ताम्रवर्ण, साँचे में ढला हुआ-सा शरीर, मुख पर निर्भीकता से भरा हुआ सलोनापन। कुँवर चूण्डा मुग्धभाव से उस युवती को देख रहे थे। चूण्डा के पास आते हुए उसने अपनी

भीलों की भाषा में पूछा, "तुम कौन हो? यह बनैला मेरा शिकार है।"

"तुम्हारा भी है और मेरा भी है।" चूण्डा मुस्कराए, "मैं दो कोस से इस बनैले का पीछा कर रहा हूँ। और मरा यह मेरे बर्छे से है।" टूटी-फूटी भीलों की भाषा में चूण्डा ने कहा।

"लेकिन तुम हो कौन?" युवती ने फिर पूछा, "जानते नहीं आगेवाला वन बाघों से भरा हुआ है?"

"मेरे साथ मेरे सैनिक हैं, मैं मेवाड़ के राणा मुकुलजी का बड़ा भाई हूँ।"

"कुँवर चूण्डाजी! तुम्हीं ने मेवाड़ का राजपद छोड़ दिया था?" और उस भीलनी ने भूमि पर अपना मस्तक टिकाकर कुँवर चूण्डा को प्रणाम किया।

इस बार चूण्डा ने प्रश्न किया, "लेकिन तुम? इस निर्जन वन में अकेली कैसे?" वह अपने घोड़े से उतरकर जमीन पर खड़े हो गए थे और अपना बर्छा बनैले के शरीर से निकाल लिया था।

"मैं आखेट के लिए निकली थी। उत्तर-पूर्व में दो कोस पर रान्ध्रा गाँव में रहती हूँ। वहाँ हम भीलों की छोटी सी बस्ती है। करीब दस-बारह घर हैं। मेरे पिता उनके सरदार हैं, कम्मल उनका नाम है। अरे बाप रे, इतने आदमी दूर घोड़ों पर दिख रहे हैं!" और वह पीछे लौटने को घूमी।

"डरो मत, तुम्हारा कोई अहित नहीं होगा, ये मेरे सैनिक हैं। मैं इस अंचल का निरीक्षण करने के लिए आया हूँ। तुम अपने गाँव तक हम लोगों को रास्ता दिखा दो। वहाँ हम इस बनैले को तुम्हारे घर में उतार देंगे और आगे बढ़ जाएँगे।"

भील युवती खिलखिलाकर हँस पड़ी, "विचित्र संयोग है, इधर रास्ता ढूँढ़ते हुए आनेवाले दलों का ताँता बँध गया है।"

चूण्डा के मस्तक पर बल पड़ गए। "क्या कहा? इधर और भी सैनिकों के दल आए थे?"

युवती ने उत्तर दिया, "अभी चार दिन हुए सैनिकों का एक दल गाँव के चार आदमियों को अपने साथ ले गया है। इस बार मेरे पिता की बारी थी। कल-परसों तक ये लोग भी लौट आएँगे।"

सैनिक अब चूण्डा के पास आ गए थे। चूण्डा ने अपने सैनिकों से कहा, "राह मिल गई है, हम जंगलों को पार करके भीलों के प्रदेश में आ गए हैं। इस बनैले को घोड़े पर लाद लो। यह भीलनी हमें अपने गाँव तक रास्ता दिखा देगी।

बनैले को इसके घर पर छोड़कर तथा गाँववालों से पूछकर हम अपना आगे का कार्यक्रम बनाएँगे।"

युवती मुस्कराई, "लगता है उन दलों का पीछा करने आए हो महाराज। वे लोग पश्चिम से बाघों और सिंहों के देश को पार करके आए थे और उनसे बचते-खुचते बड़ी बुरी हालत में यहाँ पहुँचे थे। कुछ लोगों को सिंह खा भी गए। सब लोग पूरब की तरफ गए हैं। रास्ते में छोटे-छोटे जंगल हैं। इधर-उधर पथरीले टीले हैं। सूखी धरती। तुम तो लगता है दक्षिण से आ रहे हो। घना वन—घनघोर अँधेरा। वहाँ से तो कोई पगडंडी भी नहीं है। यह बनैला भाग से ही मिल गया महाराज को! चलो, मैं तुम लोगों को अपने साथ लिये चलती हूँ। लेकिन पुरुष तो अधिक नहीं हैं। कोई बात नहीं, मैं तुम्हें रास्ता दिखाने को चलूँगी। तुम मुझे बड़े अच्छे लगते हो महाराज!"

चूण्डा ने उस स्थल पर फिर से एक नजर डाली, "तुम कहती हो कि पश्चिम में बाघों और सिंहों का प्रदेश है—यह प्रदेश कहाँ तक है?"

"बहुत दूर तक महाराज, गिरिपर्वत तक फैला है—सुना है उसके पार गुर्जरों का प्रदेश है!" और फिर वह आगे बढ़ती हुई बोली, "मेरा नाम अँचली है, अँचली। याद रहेगा न!"

रान्ध्रा गाँव पहुँचते-पहुँचते सूर्यास्त हो गया था। वहाँ पहुँचकर गाँव से कुछ हटकर चूण्डा के सैनिकों ने पड़ाव डाल दिया, बनैले को अँचली के घर पहुँचाकर।

आठवाँ परिच्छेद

अठारहवें दिन अमिया को साथ लेकर आचार्य सुधाकर मन्दौर से चित्तौड़ वापस आ गए। जिस समय राजमाता गुणवती को अमिया के आने की सूचना मिली, वह ममतायुक्त पुलक के साथ दौड़ती हुई स्वयं महल के फाटक पर अमिया का स्वागत करने को आईं—उनके अनजाने ही जैसे उनका बचपन कुछ क्षणों के लिए अनायास लौट आया हो। प्राय: आठ वर्ष के बाद वह अमिया से मिली थीं। अमिया के वक्ष पर अपना सिर टिकाकर फूट-फूटकर रोने लगीं।

इन आठ वर्षों में क्या-का-क्या हो गया था। गुणवती मेवाड़ की महारानी बनी, गुणवती माता बनी, गुणवती विधवा बनी और गुणवती राजमाता बनी। यह सब आठ वर्षों की अवधि में। बाल्यकाल की स्मृतियाँ हरी हो गईं। गुणवती के आग्रह पर अमिया को रनिवास में ही कक्ष दिया गया। और अमिया के राजमहल में रहने से राव रणमल को एक प्रकार का सन्तोष ही हुआ। उनके तथा अमिया के आग्रह पर यह व्यवस्था हो गई कि शाम से आधी रात के समय तक अपनी इच्छानुसार अमिया राव रणमल के साथ उनके बहिर्कक्ष में रह सकती है। उसने एक सप्ताह के अन्दर ही राव रणमल, सरदार बीजा एवं आचार्य सुधाकर से मेवाड़ की सारी स्थिति समझ ली।

गुणवती को यह पता ही नहीं चल पाया कि वह धीरे-धीरे अपने पिता के जाल में फँसती जा रही है। राजनीतिक षड्यंत्रों का शिकंजा कसता जा रहा था,

और यह राजनीति जहाँ भी हो, इसका रूप बड़ा विकृत होता है। इस राजनीति में न कोई पिता है, न कोई पुत्र-पुत्री, और न भाई-भतीजा। यहाँ तक कि पति-पत्नी का भी एक-दूसरे पर विश्वास नहीं रहता। जो कुछ है वह अपने स्वार्थों की विकृति है।

राजवंशों का इतिहास ही विकृतियों का, षड्यंत्रों का, क्रूरताओं का, हत्याओं का इतिहास है। सत्ता की लोलुपता राजनीति का मुख्य अवयव होती है।

गुणवती ने मेवाड़ में जो कुछ देखा था वह कुँवर चूण्डाजी के अन्दरवाली उदात्त भावनाओं का रूप था, और अपने अनजाने वह इस उदात्तता की इतनी अधिक अभ्यस्त हो गई थी कि उसे अपने पिता की विकृतियों पर विश्वास ही नहीं होता था। अपने पिता के घर में वह अबोध और अनजान थी। अपने पिता तथा पिता के परिवारवालों की विकृतियों की ओर कभी उसका ध्यान नहीं गया। बचपन के भोलेपन में वह डूबी और खोई रही। भावना के क्षेत्र में पली वह बौद्धिक उदात्तता और विकृति का रूप ही नहीं देख या समझ पाई थी। जो कुछ उसे प्राप्त हुआ था वह बड़े स्वाभाविक ढंग से मिला था, जो कुछ उससे छिन गया था वह भी स्वाभाविक ढंग से ही उसने खोया था। कभी-कभी उसका हँसने का जी होता था, तब वह अपनी दासियों और पुत्र के साथ हँस लेती थी। लेकिन जब कभी उसका रोने का जी होता था तब वह अकेली पड़ जाती थी। उसे यह पता था कि मेवाड़ में वह सबसे अधिक समर्थ संज्ञा है, और समर्थ राजमाता को किसी के आगे रोना शोभा नहीं देता। धीरे-धीरे वह रोना ही भूल गई थी। लेकिन अमिया के आ जाने से उसकी रोने की प्रवृत्ति कभी-कभी लौट आती थी।

अमिया गोली थी। राजस्थान में गोली वह दासी होती थी जो सेवा करने के साथ राजाओं एवं राजकुमारों या शक्तिशाली सामन्तों की विलासिता की प्रवृत्ति को तुष्ट करती थी और इसलिए गोली का स्थान साधारण दासी से ऊँचा होता था। गोली कभी-कभी रानियों तक से होड़ लेने लगती थी। यही नहीं, गोली महल के अन्दर राजनीतिक षड्यंत्रों का अनिवार्य अंग बन गई थी। अमिया का जीवन भी इन राजनीतिक षड्यंत्रों में बीता था, लेकिन रणमल के विधुर हो जाने के बाद रणमल के बच्चों के प्रति उसकी ममता केन्द्रित हो जाने के कारण उसमें एक तरह का भावनात्मक पक्ष भी विकसित हो गया था।

अमिया के चित्तौड़ आने के एक सप्ताह बाद भीलों के प्रदेश से समाचार

आया कि कुँवर चूण्डा ने भीलों के प्रदेश से गुर्जरों को निकाल दिया है और उन्होंने भीलों की एक छोटी सी सेना भी बना ली है। भीलों के उस प्रदेश की व्यवस्था करने में उन्हें वहाँ करीब एक पखवारा और लगेगा। राजपत्रक सीधे राजमाता गुणवती के पास आते थे। अमिया ने पूछा, "कोई बड़ा शुभ समाचार है बेटी सरकार?"

मुस्कराते हुए गुणवती ने कहा, "मेवाड़ की स्थिति के और अधिक सुदृढ़ होने का समाचार है। गया में मेवाड़ की सेना का जो विनाश एवं ह्रास हुआ था उसकी पूर्ति करने में कुँवर चूण्डा ने सफलता प्राप्त कर ली है।"

अमिया न जाने कितनी बार गुणवती से कुँवर चूण्डा का गुणगान सुन चुकी थी। उसने अब मौका देखा, "यह तो बड़ा शुभ समाचार है। कुँवरजी का इलाका कहाँ है और उनका परिवार कहाँ है?"

"महल के उत्तरवाले भाग में कुँवरजी सपरिवार रहते हैं। लेकिन कुँवरजी के जाने के तीन-चार दिन बाद कुँवरजी की पत्नी और बच्चे कुँवरजी के छोटे भाई कुँवर रघुदेव के यहाँ कैलवाड़ा में कुछ दिनों के लिए चले गए हैं। रही उनके इलाके की बात, तो कुँवरजी ने दिवंगत राणाजी से अलग अपना निजी इलाका लेने से इनकार कर दिया था।"

अमिया ने एक ठंडी साँस लेकर एक छोटा-सा 'हूँ' कहा और चुप हो गई, लेकिन उसकी मुद्रा में कुछ परिवर्तन आ गया था जैसे उसके मुख पर बादल घिर आए हों।

गुणवती अमिया की यह मुखमुद्रा देखकर चौकन्नी हो गई। उसने पूछा, "क्यों क्या बात है? एकाएक इतनी गम्भीर क्यों हो गई?"

"बचपन का भोलापन नहीं गया है बेटी सरकार! कुँवरजी के बेटे-बेटी हैं न?"

"कह तो चुकी हूँ कि हैं।" गुणवती बोली।

"अपने सौतेले भाई का मोह किसी को अपने बेटों के मोह से अधिक हो सकता है, ऐसा तो न मैंने कहीं देखा है, न सुना है।" कुटिल भाव से अमिया बोली।

कुछ कड़े स्वर में गुणवती बोली, "मैं समझी नहीं, साफ-साफ क्यों नहीं कहती?"

"कुँवर चूण्डाजी ने अपने लिए कोई इलाका नहीं लिया। अपने लिए न सही, अपने बेटों के लिए तो उन्हें इलाका लेना ही चाहिए था। कुँवर चूण्डाजी समर्थ हैं, भीलों के प्रदेश पर उन्होंने कब्जा भी कर लिया है। वह उस प्रदेश पर अपना

स्वतंत्र राज्य स्थापित कर सकते हैं, यह भी वह नहीं कर रहे हैं। मुझे तो यह सब बड़ा विचित्र लगता है। आदमी की मति का कोई ठिकाना नहीं।"

गुणवती तड़प उठी, "चुप रहो। कुँवर चूण्डाजी आदमी नहीं हैं, देवता हैं। जाओ यहाँ से। मैं कुँवरजी के विरुद्ध एक शब्द भी नहीं सुनना चाहती।"

पराजित-सी सिर झुकाए हुए अमिया चली गई।

लेकिन अमिया गुणवती के अन्दर एक तूफान-सा उठाकर चली गई। अमिया के जाने के बाद गुणवती बहुत देर तक सोचती रही। उसने कई बार विभिन्न लोगों से सुना था, पढ़ा भी था कि आदमी की मति का कोई ठिकाना नहीं। चूण्डाजी में व्यक्तिगत रूप से स्वार्थ नहीं हो सकता है, निस्पृहता हो सकती है, लेकिन अपने पुत्रों के प्रति ममता का भी तो प्रश्न आ जाता है। पुत्र के प्रति ममता का रूप वह माता होने के नाते अच्छी तरह जानती थी। कुँवर चूण्डाजी सिसौदिया के सिरमौर बन गए। मेवाड़ राज्य के समस्त सामन्त, समस्त राजकर्मचारी, मेवाड़ राज्य की समस्त प्रजा, एक तरह से चूण्डा की भक्त बन गई थी। यहाँ तक कि वह स्वयं भी चूण्डाजी की भक्त थी। राणा मुकुलजी का अपना कोई अस्तित्व नहीं था। वह पूर्ण रूप से चूण्डाजी की उदारता औरं सद्भावना पर निर्भर थे। क्या चूण्डा पर अत्यधिक विश्वास, उन पर पूर्ण निर्भरता उचित होगी? शायद अमिया ने ठीक ही कहा था कि चूण्डाजी को अपना एक अलग इलाका ले लेना चाहिए। और अगर इलाकेदार वह न बनना चाहें तो अपना एक स्वतंत्र और अलग राज्य स्थापित कर सकते हैं। गुणवती ने तत्काल मन-ही-मन निर्णय कर लिया कि वह चूण्डाजी के चित्तौड़ लौटने पर उनकी स्थायी व्यवस्था के बारे में बात करेगी। यही समय है जब निर्णय हो जाना चाहिए।

और इस संकल्प से गुणवती का मन हलका हो गया।

सुदूर गुर्जरों के प्रदेश में भीलों के दमन के क्रम में व्यस्त चूण्डाजी को पता नहीं था कि राजमहल में उनके विरुद्ध कुचक्र चल रहा है। अपनी पूरी सामर्थ्य, क्षमता एवं योग्यता के बल पर वह मेवाड़ को एक सशक्त राज्य के रूप में विकसित करने का प्रयत्न कर रहे थे। लेकिन रचना और निर्माण का क्रम बड़ी निष्ठा और धैर्य का क्रम होता है। जाने-माने इतिहास के पृष्ठों से पता चलता है कि साम्राज्यों

की स्थापना एक बार में नहीं होती। साम्राज्यों के निर्माण में एक लम्बा काल लगा करता है। यह जो विश्वविजय और महायुद्ध का क्रम होता है वह विनाश का क्रम होता है। सिकन्दर से लेकर आज तक जितने विश्वविजेता इस विनाश के आधार पर सफल हुए हैं, रास्ते में पड़नेवाले सबकुछ को नष्ट करनेवाले प्रबल तूफानों की भाँति उनकी गति रही है। जमीन को रौंदते हुए, आबादियों को उजाड़ते हुए, स्त्री-पुरुषों की हत्या करते हुए वे आगे बढ़े। इतिहास में उनका नाम अमर है, विनाश के देवताओं की भाँति।

रचना और निर्माण के क्रम में समय लगता है। कुंवर चूण्डा ने बड़ी लगन के साथ मेवाड़ के पुनर्निर्माण का बीड़ा उठाया था, बिना यह जाने हुए कि नियति की धारा उन्हें किसी दूसरी ओर बहाए लिये जा रही है।

गुर्जर सैनिकों के विरुद्ध अभियान का कार्यक्रम हाथ में लेकर कुँवर चूण्डा और उनके सौ सैनिक भीलनी अँचली के साथ रान्ध्रा ग्राम पहुँचे। वह और उनके सैनिक बेतरह थके हुए थे। जहाँ उन्होंने पड़ाव डाला था, उस अंचल का वे संध्या के समय धुँधलके में निरीक्षण नहीं कर सके थे।

सुबह के समय अँचली कुछ भीलनियों और एक-दो भीलों को साथ लेकर कुँवर चूण्डा के पड़ाव में पहुँची। उस समय चूण्डाजी गाँव के पास से बहनेवाली छोटी सी नदी में स्नान करके पूजन कर रहे थे। अँचली ने उसी नदी के किनारे चूण्डाजी के पड़ाव की व्यवस्था कर दी थी। पूजा करके चूण्डा उठे और अँचली तथा उसकी सहेलियों के आने का समाचार पाकर स्वयं अँचली से मिलने निकले। चूण्डा के आते ही अँचली ने भूमि पर मस्तक नवाकर चूण्डा का अभिनन्दन किया, "मैं सेवा में उपस्थित हूँ महाराज, आज्ञा करें।"

चूण्डा ने मुस्कराते हुए कोमल भाव से कहा, "हम लोग दो-एक दिन यहाँ रुककर विश्राम करना चाहते हैं। तुम्हारे बापू कब तक लौटेंगे यहाँ?"

"आज सायं तक या कल भोर तक।"

चूण्डा भूमि पर बैठ गए। उन्होंने अँचली को भूमि पर बैठने का संकेत किया, और कहा, "तुमने कल बताया था कि यहाँ पश्चिम में सिंहों का वन है। यहाँ से कितनी दूर होगा वह वन?"

"यहाँ से चार-पाँच कोस के बाद यह पठार समाप्त हो जाता है। उधर पठार के नीचे फिर घने और अगम्य वन, और वहाँ से सिंहों का राज्य आरम्भ होता है।

मानुस को वहाँ जाने का साहस नहीं होता। जो वहाँ गया, फिर वापस नहीं लौटा। सिंह उसे फाड़कर खा गए।"

चूण्डाजी कुछ देर तक सोचते रहे। फिर बोले, "अगर मैं पचास सैनिकों का पड़ाव दो-चार माह के लिए यहाँ डाल दूँ तो तुम्हारे लोगों को कोई असुविधा तो नहीं होगी?"

अँचली मुस्कराई, "महाराज तो स्वामी हैं, सुविधा-असुविधा का ज्ञान तो मुझे नहीं है महाराज! बापू से मिलकर उनसे बात कर लें। वैसे हम लोगों की यह अन्तिम बस्ती है—शिकार तो बहुत मिलता है, लेकिन ऊबड़-खाबड़ प्रदेश है। असुविधा आपके लोगों को हो सकती है।" और वह अकारण ही खिलखिलाकर हँस पड़ी।

चूण्डा ने दो-एक दिन और रुकने का निर्णय कर लिया। दिन-भर चूण्डा अपने सैनिकों के साथ निकटवर्ती क्षेत्रों का निरीक्षण करते रहे। उपजाऊ भूमि थी, नदी के किनारे-किनारे खेती की व्यवस्था की जा सकती थी। अँचली और उसके साथी चूण्डा के साथ रहे। संध्या के समय जब चूण्डा और उनके सैनिक रान्ध्रा के निकटवर्ती क्षेत्र का निरीक्षण करके लौटे, रान्ध्रा में कुछ चहल-पहल-सी दिख रही थी। अँचली का पिता कम्मल अपने पाँच साथियों के साथ वापस आ गया था।

अँचली चूण्डा को साथ लेकर कम्मल के पास पहुँची, "बापू, चित्तौड़ के राणाजी के भाई कुँवर चूण्डाजी कुमुक के साथ चित्तौड़ से आए हैं, पश्चिम से आए हुए गुर्जर सैनिकों का पीछा करने के लिए।"

चूण्डा को देखते ही कम्मल ने मस्तक नवाया, "हमारे बड़े भाग हैं महाराज।"

चूण्डा ने विस्तार के साथ कम्मल को अपनी योजना बताई, जो उन्होंने दिन में उस क्षेत्र का निरीक्षण करके मन-ही-मन बना ली थी। फिर वह बोले, "कम्मल, हम रान्ध्रा को बड़ा गाँव बनाकर तुम्हें यहाँ का सामन्त बनाना चाहते हैं। हमारे पचास सैनिक तुम्हारी सेवा में रहेंगे। तुम पूरब से तीस-चालीस भील परिवारों को यहाँ बुलाकर बसा सकते हो! यहाँ भूमि काफी है, नदी होने से जल की व्यवस्था भी है।"

मेवाड़ का सामन्त बनाए जाने के प्रस्ताव से कम्मल खिल उठा—अनायास ही सत्ता उसके हाथ में आ रही थी। तभी अँचली बोल उठी, "बापू, महाराज को पूरब

में राह दिखाने का मैंने वचन दे दिया है। चम्मन भइया और दो-तीन आदमियों को मेरे साथ भेज दो। बीस-पचीस कोस तक हम महाराज को पहुँचाकर लौट आएँगे। साथ में गिराँठ और सुमेत के बीस-पचीस परिवारों को भी साथ लेते आएँगे। कल से ही यह शुभ काम आरम्भ हो जाए।"

दूसरे दिन भीलों के नृत्य-संगीत और भोज के साथ कुँवर चूण्डाजी ने कम्मल का तिलक करके उसे मेवाड़ का सामन्त घोषित किया। और तीसरे दिन पचास सैनिकों को कम्मल के साथ छोड़कर तथा उन्हें रान्ध्रा के विकास का आदेश देकर अँचली और चम्मन के निर्देशन में चूण्डाजी ने पूरब की ओर प्रस्थान किया।

नवाँ परिच्छेद

सामन्त कम्मल के तत्त्वावधान में रान्ध्रा को बसाने तथा उस क्षेत्र को विकसित करने का काम चूण्डा के पूर्व दिशा की ओर प्रस्थान करने के बाद तेजी के साथ चलने लगा। अँचली और चम्मन ने पूरब से भील परिवारों को भेजना आरम्भ कर दिया। पचास मेवाड़ी सैनिकों तथा भीलों ने मिलकर कच्चे घर और झोंपड़ियों को खड़ा करने का काम उठा लिया था। अरावली से पत्थरों को काटकर एक छोटे किले का निर्माण भी आरम्भ हो गया, कम्मल के निवास के लिए।

उधर कुंवर चूण्डा रान्ध्रा से बारह-तेरह कोस पर गिराँठ ग्राम में अँचली और चम्मन को छोड़कर अपने सैनिकों के साथ आगे बढ़ गए। चूण्डा ने आगे बढ़ने से पहले अँचली से कहा, "हम लोग इसी मार्ग से रान्ध्रा होते हुए चित्तौड़ वापस होंगे। महीना-डेढ़ महीना तक लग जाएगा लौटने में। सामन्त कम्मल से कह देना कि चित्तौड़ पहुँचकर मैं धन की व्यवस्था कर दूँगा।"

चाँदी और ताँबे की खानों के पास तक कुछ थोड़े-से ही गुर्जर सैनिक पहुँच पाए थे। लेकिन उनमें से कुछ तो चूण्डाजी के सैनिकों के हाथों मारे गए और कुछ मारवाड़ की ओर भाग गए। प्रायः पन्द्रह-बीस गुर्जर सैनिक बचे थे और उन्होंने कुँवर चूण्डाजी की सेवा स्वीकार कर ली।

रान्ध्रा होते हुए चूण्डाजी अपने सैनिकों के साथ चित्तौड़ वापस आए। प्रायः ढाई माह लग गया था चूण्डा को चित्तौड़ लौटने में।

चूण्डाजी के चित्तौड़ वापस आते ही मानो सिसौदियों में एक हर्ष और उल्लास की लहर दौड़ गई। फागुन समाप्त हो चुका था। वायुमण्डल में एक तरह का उल्लास था, मस्ती थी। बड़ा भव्य स्वागत हुआ चित्तौड़गढ़ में चूण्डाजी का।

चित्तौड़ पहुँचकर चूण्डाजी ने तत्काल अपने वापस आने की सूचना राजमाता गुणवती को भेजी। गुणवती स्वयं राणा मुकुलजी को लेकर चूण्डा से मिलने आई। कुछ देर तक राजमाता गुणवती को अपने भीलों के प्रदेश के अभियान का विवरण सुनाकर चूण्डाजी वहाँ से अपने निवास की ओर चले गए।

पर्दे के पीछे बैठी अमिया दोनों की बात सुन रही थी। चूण्डा के चले जाने के बाद कुछ देर रुककर वह गुणवती के सम्मुख प्रकट हुई। बड़े भोलेपन के साथ उसने पूछा, "कुँवर चूण्डाजी आए थे क्या?'

"हाँ," गुणवती बोली, "मेवाड़ को निरापद करके वह लौट आए।"

"बड़ा भव्य स्वागत हुआ है चित्तौड़ में उनका। मैं भगवान भूतनाथ के मन्दिर से आरती और पूजन करके लौट रही थी, तभी उनके दर्शन हुए थे। बड़े तेजस्वी और वीर पुरुष दिखे वह।"

गुणवती अपने उल्लास को न दबा सकी। गर्व से तनकर अपनी बात उसने आगे बढ़ाई, "भीलों के प्रदेश में पश्चिम की ओर जो सिंहों का वन है वह गुर्जर प्रदेश तक फैला है। उस वन से मिला हुआ भीलों का अन्तिम गाँव है रान्ध्रा। रान्ध्रा के भीलों का सरदार कम्मल है। तो, रान्ध्रा में बड़ी मोर्चाबन्दी करके तथा सरदार कम्मल का मेवाड़ के सामन्त के रूप में तिलक करके वापस आए हैं कुँवर चूण्डाजी। वहाँ से पूरब तक फैले हुए भीलों के प्रदेश को संगठित करके मेवाड़ राज्य की शक्ति बढ़ा रहे हैं।"

"यह तो बड़ा शुभ समाचार है, मेवाड़ का एक शक्तिशाली इलाका बन जाएगा वह प्रदेश। बड़ा लम्बा-चौड़ा प्रदेश है वह—मन्दौर के मार्ग में मिलता है। सुना है, मेवाड़ के शासन में सिर्फ मार्ग के आसपास का ही क्षेत्र है, बाकी क्षेत्र मेवाड़ के अधिकार से बाहर है। तो कुँवरजी उस प्रदेश के इलाकेदार बनेंगे या स्वतंत्र रूप से उसके शासक बनेंगे?"

अमिया के इस प्रश्न ने गुणवती को चक्कर में डाल दिया, कुछ सोचकर वह बोली, "यह तो मैंने पूछा ही नहीं, इस प्रश्न के पूछने का अवसर ही नहीं था। लेकिन तुम्हारा यह प्रश्न क्यों?"

अमिया ने बहुत धीमे स्वर में, जैसे वह कोई रहस्य की बात बता रही हो, कहा, "बेटी सरकार, कुँवरजी का जैसा भव्य स्वागत हुआ है चित्तौड़ में, उससे तो मैं अवाक् रह गई। हरेक के मुँह से चूण्डाजी का गुणगान हो रहा था। जैसे राणा मुकुलजी को कोई जानता ही न हो! एकछत्र अधिकार है कुँवरजी का मेवाड़ पर, लेकिन...लेकिन..." अमिया कहते-कहते रुक गई।

"लेकिन क्या, जरा मैं भी तो सुनूँ! निस्संकोच अपनी बात कहो!" गुणवती बोली।

"सोच रही हूँ मेवाड़ के सामन्त के रूप में कम्मल के तिलक करने का अधिकार मेवाड़ के राणाजी को है, कुँवर चूण्डाजी को नहीं। लेकिन सत्ता के मोह में बहक जाना ही मनुष्य की कमजोरी होती है। इसमें मैं कुँवरजी को दोष नहीं देती।"

राजमाता गुणवती ने अमिया की बात सुनी, फिर जैसे थके स्वर में उन्होंने कहा, "ठीक कह रही हो अमिया। कुँवरजी तो देवता हैं, लेकिन देवता को मतिभ्रम हो सकता है। अवसर पाकर मैं कुँवरजी से बात करूँगी। उनके मन में किसी तरह का छल-कपट नहीं है, अभी स्थिति सँभाली जा सकती है।"

मन्दौर से अमिया के आने की खबर चूण्डाजी को दूसरे दिन मिली। अमिया के साथ और कोई सरदार या सैनिक नहीं आया था। इस खबर के साथ ही चूण्डाजी ने अमिया गोली के सम्बन्ध में पूरी जानकारी तत्काल प्राप्त कर ली थी। स्पष्ट ही अमिया का आना उनको अच्छा नहीं लगा। इतने लम्बे काल तक रणमल की उपस्थिति ही उन्हें अच्छी नहीं लग रही थी। लेकिन रणमल गुणवती के पिता थे। वृद्ध आदमी, भोग-विलास में डूबे हुए, रणमल से चूण्डा को कोई भय नहीं था। लेकिन अमिया उनके लिए अनजानी थी।

चित्तौड़ की व्यवस्था फिर पूर्ववत चलने लगी। राणा मुकुलजी के सिंहासन की बगल में कुँवर चूण्डाजी का आसन था, और वही मेवाड़ का शासन चलाते थे। पिछले दो-ढाई महीने से चूण्डा की अनुपस्थिति में राजमाता गुणवती मेवाड़ का शासन चला रही थीं, और अपनी सहायता के लिए उन्होंने अपने पिता रणमल को अपने सलाहकार के रूप में स्थान देना आरम्भ कर दिया था। चूण्डा के आने के बाद भी राव रणमल दरबार में बैठने लगे और अपनी आदत के अनुसार सलाह भी देने लगे जिसे चूण्डाजी अनसुनी कर देते थे। रणमल का मेवाड़ के मामले में यह आन्तरिक हस्तक्षेप उन्हें अच्छा नहीं लगता था। एक दिन चूण्डा ने एकान्त

पाकर गुणवती से कहा, "राजमाताजी, राव रणमलजी आपके पिता हैं और राणा मुकुलजी के नाना हैं। लेकिन वह राठौर हैं, सिसौदियों का हित राठौरों का हित नहीं हो सकता।"

आश्चर्य से राजमाता गुणवती ने कहा, "इसका मतलब मैं नहीं समझ पाई कुँवरजी।"

शान्त भाव से चूण्डा ने उत्तर दिया, "राव रणमल का दरबार में बैठना और मेरे कार्य में हस्तक्षेप करना मुझे अच्छा नहीं लगता। दरबार में उनका बैठना मैं रोक सकता हूँ। लेकिन वह आपके पिता हैं। अगर आप स्वयं उन्हें दरबार में न बैठने का संकेत कर दें तो ज्यादा उचित होगा।"

अविश्वास और अनिश्चय की जो एक चिनगारी अमिया द्वारा सुलगा दी गई थी वह धीरे-धीरे सुलगकर अग्नि का रूप धारण कर रही थी। गुणवती मौन भाव से कुछ देर तक चूण्डाजी को देखती रही, फिर उसके स्वर में अधिकार और संघर्ष की कठोरता आ गई। उसने कहा, "मेरे पिता की सलाह आपको उचित नहीं लगती, लेकिन पिछले दो-ढाई महीने आप यहाँ नहीं थे और व्यवस्था मेरे हाथ में थी, मैं उनकी सलाह लेती रही, और उनकी सलाह में मुझे तो कोई अनौचित्य नहीं लगा।"

राजमाता से इस उत्तर की अपेक्षा नहीं थी चूण्डाजी को। वह चौंक उठे। राणा मुकुलजी को गद्दी पर बैठे एक वर्ष से कुछ अधिक बीता था, और वह एक वर्ष तेजी के साथ एक के बाद एक घटित होनेवाली घटनाओं का वर्ष था। उन्होंने धीरे से 'हूँ' कहा और कुछ रुककर वह बोले, "क्या उचित है और क्या अनुचित है, निर्णय तो आपके हाथ में है क्योंकि आप राणा मुकुलजी की माता हैं। स्वर्गीय पिताजी मुझ पर कुछ उत्तरदायित्व सौंप गए थे, मैं तो मात्र उन्हीं उत्तरदायित्वों को निभा रहा हूँ। आपको स्मरण होगा कि मैं आपको वचन दे चुका हूँ, जब कभी आपको राणाजी के प्रति मेरे दायित्व और कर्तव्य के सम्बन्ध में शंका हो तो आप मुझे संकेत-भर कर दें, मैं अपना दायित्व आपको सौंप दूँगा।"

गुणवती ने हिचकिचाते हुए कहा, "शंका की तो अभी कोई बात उठाई नहीं है मैंने, मैं आपको देवता समझती रही हूँ, अब भी समझती हूँ, लेकिन...लेकिन..."

"आप अपनी बात स्पष्ट रूप से निस्संकोच कहें, निर्णय तो लेने ही होंगे।" चूण्डा का स्वर भी कुछ प्रखर हो गया था।

"निर्णय तो लेने ही होंगे," गुणवती ने चूण्डा की बात दोहराई, "अच्छा कुँवरजी, आपने भीलों के प्रदेश से लौटकर मुझसे कहा था कि रान्ध्रा में एक भील सरदार—क्या नाम है उसका..."

"कम्मल।" चूण्डाजी ने कहा।

"हाँ, कम्मल। कम्मल का मेवाड़ के सरदार के रूप में आपने तिलक किया है। तो मैं पूछना चाहती हूँ कि मेवाड़ के सामन्त के रूप में किसी व्यक्ति का तिलक करना क्या आपका अधिकार है? या वह अधिकार केवल राणाजी का है?"

"अधिकार तो केवल राणाजी का है। इसमें जल्दी करने में शायद मुझसे कुछ भूल हुई है।" कमजोर स्वर में चूण्डा ने कहा।

गुणवती मुस्कराई, लेकिन चूण्डा ने अनुभव किया कि उस मुस्कान में कई व्यंग्य और विद्रूप निहित हैं। गुणवती ने कहा, "जल्दी-जल्दी में भूल हो जाना तो मानव की कमजोरी होती है। मैं आपको दोष नहीं दे रही क्योंकि यह प्रश्न मैंने नहीं उठाया था। लेकिन कुँवरजी, मैं समझती हूँ कि आप अपने लिए कोई इलाका ले लें। आपका परिवार है, आपके बच्चे हैं, अपने लिए न सही तो अपने बच्चों के लिए। और मैं तो आपको यहाँ तक सलाह दूँगी कि आप भीलों के प्रदेश में अपना एक स्वतंत्र राज्य स्थापित कर लें, आप समर्थ हैं।"

कुछ देर तक चूण्डा मौन रहे, फिर उन्होंने दृढ़ता से कहा, "एक बार आपके पिताजी ने भी मुझे यह सलाह दी थी कि मैं अपने लिए कहीं एक स्वतंत्र राज्य की स्थापना कर लूँ। उन्होंने मारवाड़ के राठौर सैनिकों की सहायता देने का भी आश्वासन दिया था। लेकिन मैंने उनका यह प्रस्ताव स्वीकार नहीं किया। मेवाड़ के उत्तरवाला भीलों का प्रदेश अनौपचारिक दृष्टि से भले ही स्वतंत्र हो, लेकिन मेवाड़ का राजकुल उसे मेवाड़ राज्य के अन्तर्गत ही मानता समझता आ रहा है। राठौरों का अरावली पर्वत के दक्षिण में प्रवेश करना मेवाड़ के सिसौदिया राजपूतों के लिए निरापद नहीं रहेगा। और आज आप भी मुझे यह सलाह दे रही हैं, आपके मन में शायद मेरे प्रति अविश्वास जाग उठा है।"

"नहीं-नहीं, ऐसी कोई बात नहीं है।" गुणवती कमजोर स्वर में बोली, "आप जैसा उचित समझें वैसा करें, मुझे आपके प्रति किसी प्रकार की शंका नहीं है।"

लेकिन चूण्डा के अन्दरवाला हठ जाग उठा था, "राजमाताजी, मुझमें सत्ता के प्रति मोह के स्थान पर एक प्रकार की विरक्ति रही है, यह आप अच्छी तरह

जानती हैं। लेकिन शायद आप ठीक कहती हैं कि मेरा परिवार है, मेरा वंश है। अपने वंशजों के प्रति भी मेरा कुछ उत्तरदायित्व है। तो मैं भीलों के प्रदेश को अपना इलाका स्वीकार करता हूँ। वह प्रदेश साधनहीन है, उस प्रदेश को विकसित करने में मुझे घोर परिश्रम करना पड़ेगा। उसे विकसित करना और उसे साधन-सम्पन्न बनाना मेरे वंशजों के हाथ की बात है। राजपूतों का एक ही बल है, तलवार का बल और असीम साहस और धैर्य! जिस प्रदेश को मैं जीतूँगा या अपने वश में करूँगा वह अपने बाहुबल से, राठौरों की सहायता से नहीं।" और वह उठकर चलने लगा। फिर वह रुका, "राजमाताजी! एक पखवारे में मैं चित्तौड़ से विदा लेने की व्यवस्था कर लूँगा। आप अपनी ओर से इस विषय पर मौन ही रहिएगा। जैसे आपको मेरे इस निर्णय का पता ही नहीं है, यह निर्णय स्वयं मैंने लिया है। मेरे इस निर्णय की सूचना अपने पिताजी को भी न दें। मेरी दूसरी विनय यह है कि आप राठौरों से सतर्क और सावधान रहें। सिसौदिया और राठौरों के हित न कभी एक रहे हैं, न कभी एक रहेंगे।" और वह वहाँ से चला गया।

दूसरे दिन दरबार में कुँवर चूण्डाजी ने घोषणा की कि आज से ग्यारहवें दिन एक विशिष्ट दरबार होगा, और उसमें मेवाड़ राज्य के सुदूर भागों के सामन्तों को भी अनिवार्य रूप से आमंत्रित किया गया। इस विशेष दरबार का क्या प्रयोजन हो सकता था, सिवा राजमाता गुणवती के और किसी को इसका आभास नहीं था। निश्चित तिथि पर एक बड़े शामियाने के नीचे वह दरबार लगा। समस्त सामन्तों, राजकर्मचारियों, श्रेष्ठियों एवं पंडितों के एकत्रित होने के बाद कुँवर चूण्डाजी राणा मुकुलजी और गुणवती के साथ दरबार में आए। सिंहासन पर राजमाता और राणाजी को बिठाकर चूण्डाजी ने कहा, "उपस्थित सरदारो, पण्डितो और श्रेष्ठियो, एक वर्ष से कुछ अधिक समय हुआ जब स्वर्गीय राणाजी ने गया के अभियान में जाने के पहले राणा मुकुलजी का तिलक किया था। उस समय उन्होंने मुझसे अपना इलाका स्वयं निर्धारित करके ले लेने का आग्रह किया था। उस समय मैंने कहा था कि समय आने पर अपना इलाक मैं स्वयं निर्धारित करके ले लूँगा। समय आ गया है। राजमाता अब इतनी अनुभवी और योग्य हो गई हैं कि वह राणाजी के हित में मेरे स्थान पर स्वयं मेवाड़ की शासन-व्यवस्था सँभाल लें। इस बीच मैंने मेवाड़ के उत्तर में भीलों के प्रदेश के एक ग्राम रान्ध्रा को विकसित करके रान्ध्रा के इलाके की व्यवस्था कर ली है। उस इलाके को साधन-सम्पन्न बनाने तथा

उसे और अधिक विकसित करने के लिए मैं अपने अनुयायियों को लेकर अपने तथा उनके परिवारों के साथ वहाँ बसने जा रहा हूँ। आज के पाँचवें दिन मैं और मेरे अनुयायीगण यहाँ से प्रस्थान करेंगे। आप लोगों से विनय है कि आप राणा मुकुलजी तथा राजामता गुणवती की निष्ठा और लगन के साथ सेवा करें तथा उनके आदेशों का पालन करें।"

इस घोषणा से दरबार में उपस्थित सब लोग स्तब्ध-से रह गए।

कुछ सरदारों ने उठकर कहा, "कुँवरजी, चित्तौड़ में रहकर ही आप रान्ध्रा का विकास और विस्तार करें। हम सब सिसौदिया वंश के सिरमौर की सेवा में हैं, हम सब आपकी सेवा और सहायता के लिए तत्पर हैं।"

कुँवर चूण्डा ने दृढ़ता-भरे स्वर में कहा, "सिसौदियों के सिरमौर राणा मुकुलजी हैं, मैं नहीं हूँ। मैं आपको यह याद दिलाता हूँ कि जो जिसका अधिकार है वह उसे मिलना चाहिए।" और यह कहकर उन्होंने राणा मुकुलजी का विधिवत अभिवादन किया, फिर राजमाता गुणवती के चरण छूकर बोले, "अगर मुझसे कुछ भूलचूक हो गई हो तो मुझे क्षमा कर दें। आप मुझे सहर्ष विदा दें।"

भावातिरेक में गुणवती ने प्रथम बार कुँवर चूण्डा के सिर पर हाथ रखकर कहा, "कुँवरजू, आप सक्षम और समर्थ हैं, आप सचमुच महान हैं—मैं केवल इतना ही कह सकती हूँ और आपको वचन देती हूँ कि मैं अपनी क्षमता और योग्यता के साथ मेवाड़ की प्रजा की देखभाल करूँगी। भगवान एकलिंग आपको यश और सफलता प्रदान करें।"

उसी दिन से चित्तौड़ में चूण्डा और उनके अनुयायियों के परिवारों के रान्ध्रा जाने की तैयारियाँ शुरू हो गईं। पचास सैनिक एवं उनके परिवार तो रान्ध्रा जा ही चुके थे। प्राय: और एक सौ सैनिकों ने चूण्डा के साथ चलने का आग्रह किया और चूण्डा को स्वीकार करना पड़ा।

जिस दिन राजमाता गुणवती से कुँवर चूण्डाजी की पहली बातचीत हुई थी, उसके ठीक सोलहवें दिन वह अपने अनुयायियों के साथ चित्तौड़ से चल पड़े। चित्तौड़गढ़ के फाटक तक बहुत बड़ी भीड़ उन्हें विदा करने आई और उस भीड़ में सबसे आगे थीं राजमाता गुणवती। चूण्डा की बगल में रघुदेव भी था। चूण्डा ने गुणवती के चरण छूते हुए कहा, "मैंने रघुदेव से कह दिया है कि वह सप्ताह में एक दिन कैलवाड़ा से यहाँ आकर आपसे मिल लिया करे। मुझे राठौरों पर कभी

भरोसा नहीं रहा। अगर आप पर कभी कोई विपत्ति आए तो आप निस्संकोच मुझे सूचना दें। मैं प्राणपण से आपकी तथा मुकुलजी की सहायता करूँगा—चलते समय मैं आपको यह वचन देता हूँ।"

"तुम अपने वचनों के धनी हो कुँवरजी!" और गुणवती की आँखों में आँसू आ गए।

दसवाँ परिच्छेद

चित्तौड़ से चूण्डाजी के जाने के बाद दूसरे ही दिन राजमाता गुणवती और राव रणमल ने मेवाड़ की भावी व्यवस्था पर विचार किया। इस विचार-विमर्श में राव रणमल ने अपने विश्वासपात्र सामन्त बीजा तथा आचार्य सुधाकर को बुला लिया था। अमिया भी राजमाता के आग्रह पर आ गई थी। इस परामर्श-गोष्ठी में एक तरह का हर्ष और उल्लास का वातावरण था। राव रणमल ने हँसते हुए कहा, "राणा मुकुलजी को अब किसी प्रकार का भय नहीं, न उनके हितों को कोई खतरा है। लेकिन मुझे आश्चर्य इस बात पर हो रहा है कि इतना सबकुछ इतनी आसानी से, इतने सहज भाव से हो कैसे गया?"

राजमाता ने बड़े सहज भाव से उत्तर दिया, "चूण्डाजी ने मुझे वचन दिया था कि जब कभी उन पर से मेरा विश्वास जाता रहे तो मैं उन्हें संकेत कर दूँ। भीलों का प्रदेश विजय करके जब वह वापस लौटे तो मैंने उनसे केवल इतना कहा था कि रान्ध्रा नामक नये प्रदेश की उन्होंने स्थापना की है तो उसे वह अपना इलाका बना लें, और अगर चाहें तो उसे अपना स्वतंत्र इलाका भी बना लें।"

"मैंने भी कुछ महीने पहले उन्हें यह सलाह दी थी कि वह अपने लिए एक स्वतंत्र राज्य की स्थापना कर लें। मैंने तो यहाँ तक कहा था कि इस काम के लिए सिसौदिया सैनिकों के साथ राठौर सैनिकों का भी सहयोग देने को मैं प्रस्तुत हूँ। लेकिन मेरा प्रस्ताव उन्होंने स्वीकार ही नहीं किया।"

अमिया बोल उठी, "स्वीकार कैसे करते—उनकी आँखें मेवाड़ राज्य पर लगी हुई थीं न!"

रणमल ने अमिया को डाँटा, "तू क्यों बोल रही है? चूण्डाजी बड़े ही सात्विक और धार्मिक प्रवृत्ति के हैं, उन पर किसी तरह का आरोप लगाना पाप होगा।"

अमिया ने तमककर कहा, "मनुष्य के मन में कितना पाप भरा है, कोई नहीं जानता! मुझे जो सूझा सो मैंने स्पष्ट शब्दों में कह दिया।"

राजमाता गुणवती ने ठंडी साँस भरकर कहा, "कुँवरजी के मन में क्या है, शायद वह स्वयं नहीं जानते! वैसे मैं अब भी यह अनुभव करती हूँ कि कुँवरजी के हाथों राणाजी का और मेवाड़ राज्य का कोई अनिष्ट और अहित नहीं होता।"

थोड़ी देर तक एक मौन छाया रहा, जिसे सरदार बीजा ने तोड़ा, "कुँवरजी के जाने के बाद चित्तौड़ नगर में एक तरह का विक्षोभ फैल गया है। आज प्रातः मुझे यह समाचार मिला है कि गढ़ की रक्षा करने के लिए जो अहेरिया सैनिक नियुक्त हैं, वे सब कुँवरजी के पास रान्ध्रा जाने की सोच रहे हैं। मुझे तो भय है कि चित्तौड़ और मेवाड़ की जनसंख्या में निरन्तर कमी होते रहने से राज्य की शक्ति भी क्षय होती जाएगी। इस क्षय को रोकने का प्रयत्न करना होगा।"

राजमाता गुणवती चिन्तित-सी कह उठीं, "यह तो बुरा होगा!" और फिर विवश भाव से उन्होंने अपने पिता पर दृष्टि डाली।

सुधाकर मुस्कराए, "लेकिन अभी कोई चिन्ता की बात नहीं दिखती। जहाँ तक अहेरियों का प्रश्न है, वे चले जाएँ तो चले जाएँ। जैसलमेर के भट्टी राजपूत वहाँ से परेशान हो गए हैं, वे कहीं अन्यत्र बसना चाहते हैं। अभी जब मैं मन्दौर गया था तब भट्टियों का एक सरदार मुझसे मिला था, उसने मेवाड़ में आकर बसने की इच्छा प्रकट की थी। लेकिन कुँवर चूण्डाजी के भय और हठ के कारण मैंने उनसे यह बात नहीं कही।"

कुछ थके स्वर में गुणवती बोली, "यह सब तो बाद की बात है, अभी तो राणाजी को स्वतंत्र रूप से मेवाड़ तथा चित्तौड़ में स्थापित करने का प्रश्न है। कुँवरजी की छत्रछाया चली गई, जब तक वह यहाँ थे मैं निश्चिन्त थी।"

कुछ सोचकर राव रणमल बोले, "मैं समझता हूँ कि राणाजी का विधिवत एक बड़ा दरबार बुलाया जाए, एक सप्ताह के अन्दर ही। चित्तौड़ में बाहर से जो सामन्तगण चूण्डाजी के निमंत्रण पर आए थे, वे अभी यहीं मौजूद हैं। तो उन्हें तुम

यहीं रोक लो बेटी! दरबार लगने से पूर्व राणाजी की सवारी धूमधाम से निकाली जाए, और उस सवारी के साथ सभी सामन्त, राजकर्मचारी, राजपरिवार के सदस्य तथा चित्तौड़ की समस्त सेना हो। नागरिकों पर तथा सवारी के जुलूस में भाग लेनेवालों पर उस सवारी का बड़ा अच्छा प्रभाव पड़ेगा। सुबह सवारी निकले तथा संध्या के समय दरबार हो।" और उसके बाद आचार्य सुधाकर से उन्होंने कहा, "इस आयोजन के लिए शुभ मुहूर्त निकालो।"

आचार्य सुधाकर ने हिसाब लगाया, फिर बोले, "आज के चौथे दिन बड़ा शुभ और मंगलमय मुहूर्त है।"

प्रायः एक घंटे तक यह परामर्श चलता रहा।

चार दिन बाद राणाजी की सवारी प्रातः आठ बजे निकली। चित्तौड़ की समस्त सड़कें अच्छी तरह सजाई गई थीं। स्थान-स्थान पर मेवाड़ की राज-पताकाएँ फहरा रही थीं। सबसे आगे तुरही-ढोल-मजीरे बजानेवालों तथा मेवाड़ की विरुदावली का बखान करनेवाले चारणों का मण्डल था। उनके पीछे नर्तकियों का समूह था, जो आरती के थालों के साथ राणा मुकुलजी की आरती उतार रही थीं। इन नर्तकियों के पीछे राजछत्र धारण किये राणा मुकुलजी हाथी पर सवार चल रहे थे। और राणा मुकुलजी को गोद में लिये हुए राजमाता गुणवती थीं। राजमाता गुणवती के हाथी के पीछे एक और हाथी पर मेवाड़ का राज-परिवार था।

मेवाड़ के राजपरिवार के पीछे-पीछे मेवाड़ के इलाकेदार, सामन्तगण तथा अन्य लोग अपने-अपने पदों के अनुसार घोड़ों पर सवार थे। इनके पीछे राज्यमंत्री एवं विशिष्ट कर्मचारीगण थे। राजकर्मचारियों के पीछे मेवाड़ के चित्तौड़गढ़ में उपस्थित सशस्त्र सैनिकों के दल थे।

मेवाड़ के इस भव्य जुलूस के पीछे रणमल का हाथी था, जिस पर राठौरों की पताका फहरा रही थी और उनके हाथी के पीछे रणमल के साथ आए हुए कुछ सरदार अपने ऊँटों पर सवार चल रहे थे।

यह जुलूस मेवाड़ के राजभवन से निकलकर चित्तौड़ के बाजारों से होता हुआ चित्तौड़गढ़ के फाटक तक गया। गढ़ के फाटक पर राणा मुकुलजी के हाथों पताका फहराई गई। और तब यह जुलूस नगर के दूसरे भागों और मार्गों से होता हुआ राजभवन वापस गया।

राणा मुकुलजी के इस भव्य जुलूस को देखने के लिए मेवाड़ की समस्त

जनता उमड़ पड़ी थी। अदम्य उत्साह था लोगों में, राणाजी के प्रति अनन्य भक्ति की भावना जाग उठी थी। प्राय: तीन घंटे बाद इस जुलूस का विसर्जन हुआ। जुलूस के विसर्जन के बाद फाटक पर ब्राह्मणों को दान-दक्षिणा दी गई, भिखारियों को भोजन कराया गया।

मुहूर्त के अनुसार संध्या समय चार बजे दरबार लगा। प्रचलित प्रथा के अनुसार सामन्तों एवं राजकर्मचारियों ने अपना-अपना आसन ग्रहण किया। राजमाता गुणवती राणा मुकुलजी को गोद में लेकर पूर्ववत सिंहासन पर बैठीं। राजसिंहासन के पीछे रणमल का सिंहासन था। लेकिन राजसिंहासन के दाईं ओर के जिस आसन पर बैठकर चूण्डाजी मेवाड़ की शासन-व्यवस्था करते थे, वह रिक्त था।

सब लोगों के आसन ग्रहण कर लेने के बाद राजमाता गुणवती ने दरबारियों को सम्बोधित करते हुए कहा, "कुँवरजी के रान्ध्रा चले जाने के बाद मेवाड़ की व्यवस्था अपनी योग्यता तथा क्षमता के साथ चलाने का भार मुझ पर आ पड़ा है। तो विवश होकर कुँवर चूण्डाजी का स्थान मुझे ही ग्रहण करना पड़ेगा। राणा मुकुलजी अकेले ही राजसिंहासन पर बैठेंगे। भगवान एकलिंग उन्हें बल प्रदान करें।" और राजमाता गुणवती राणा मुकुलजी को राजसिंहासन पर अकेले ही छोड़कर चूण्डाजी के रिक्त आसन पर बैठ गईं। राणा मुकुलजी की धाय मानवती राजसिंहासन के पीछे राणा मुकुलजी की देखभाल करने के लिए खड़ी हो गई।

कुँवर चूण्डाजी के जाने के बाद मेवाड़ के राज-काज की व्यवस्था में कुछ महत्त्वपूर्ण परिवर्तन होने अनिवार्य थे। राज्य के सामन्तों तथा मंत्रिपरिषद के सदस्यों ने अपने-अपने सुझाव रखे, और उन पर विचार-विमर्श आरम्भ हुआ। इस विचार-विमर्श में काफी समय लगा, और उस समय तक सात वर्ष का बालक मुकुलजी बेहद थक चुका था। उसे नींद आने लगी थी। धाय मानवती राजसिंहासन पर बैठ नहीं सकती थी और खड़े-खड़े वह मुकुलजी को सँभालने में असमर्थ थी। राव रणमल बड़े कौतूहल से यह सब देख रहे थे।

एकाएक नींद का एक गहरा झोंका मुकुलजी पर आया। मानवती बड़ी मुश्किल से मुकुलजी को सँभाल सकी। सभा की कार्यवाही कुछ समय के लिए रुक गई। राव रणमल अपने आसन से उठ खड़े हुए। उनके उठते ही सब लोगों का ध्यान उनकी तरफ आकर्षित हुआ। राव रणमल ने मुस्कराते हुए कहा, "राणा मुकुलजी अभी अबोध शिशु हैं। बिना किसी के सहारे वह राजसिंहासन पर नहीं बैठ सकते।

मेरी बेटी राजमाताजी को मेवाड़ की व्यवस्था चलाने के लिए अलग आसन पर बैठना पड़ रहा है। राणाजी को राजसिंहासन पर सँभालना उतना ही महत्त्वपूर्ण कार्य है जितना कि राज्य की शासन-व्यवस्था को सँभालना। अपने दौहित्र राणाजी को राजसिंहासन पर सँभालने का भार मैं अपने ऊपर लेता हूँ।" और अपनी सफेद दाढ़ी पर हाथ फेरते हुए उन्होंने अपनी बात इस तरह समाप्त की, "इस बूढ़े नाना का भी तो अपने नाती के प्रति कुछ कर्तव्य है!" इतना कहकर राणा मुकुलजी को अपनी गोद में लेकर वह राजसिंहासन पर बैठ गए।

इतने भोलेपन के साथ यह बात कही गई थी तथा इतनी तेजी के साथ राव रणमल सिंहासन पर बैठ गए थे कि किसी को कुछ सोचने-समझने का अवसर ही नहीं मिला। एक हर्षध्वनि हुई और फिर विचार-विमर्श पूर्ववत चलने लगा।

दरबार समाप्त हुआ। सब लोग दूसरे-तीसरे दिन चित्तौड़ से चले गए।

लेकिन अब मेवाड़ की राज्य-व्यवस्था धीरे-धीरे बदलने लगी। मेवाड़ के शासन का रूप भी बदलने लगा, इस खूबी के साथ कि किसी को इस परिवर्तन का पता तक नहीं चला। हर मामले में अनुभवहीन राजमाता गुणवती अपने पिता की सलाह लेने लगी। और रणमल बड़े तटस्थ भाव से गुणवती को अपनी सलाह देने लगे। राव रणमल बड़ी कुशलतापूर्वक मेवाड़ और विशेष रूप से चित्तौड़ की जनता एवं सामन्तों का विश्वास प्राप्त करते जा रहे थे। हर तरफ परिवर्तन हो रहे थे और इस परिवर्तन के क्रम में चित्तौड़ और मन्दौर के बीचवाला मार्ग खुल गया था। इस मार्ग के खुलने के दुष्परिणामों को देख सकने की योग्यता किसी में नहीं थी।

मन्दौर और चित्तौड़ के बीचवाला मार्ग खुल जाने के फलस्वरूप मारवाड़ के छोटे-छोटे सरदारों के दल मेवाड़ आने आरम्भ हो गए। ये दल सपरिवार आ रहे थे, अपनी चल सम्पत्ति ऊँटों पर लादे हुए। कुँवर चूण्डा के साथ जो सैनिक एवं सामन्त सपरिवार मेवाड़ से रान्ध्रा चले गए थे, उनके घर-द्वार खाली और उजाड़ पड़े थे। प्राय: दो सौ सैनिकों और सामन्तों के चित्तौड़ से रान्ध्रा चले जाने के बाद राज, मिस्त्री, बढ़ई, लुहार तथा छोटे-छोटे व्यापारियों का दल भी चित्तौड़ से रान्ध्रा चला गया था। उन्हें रान्ध्रा एवं उसके निकटवर्ती क्षेत्रों के विकास में हाथ बँटाना था। उनके अभाव की पूर्ति के लिए रणमल ने अपने अनुयायियों द्वारा मारवाड़ से दस्तकारों और व्यापारियों को भी आमंत्रित कर लिया।

ऐसा दिखता था कि सिसौदियों और राठौरों का भेदभाव जाता रहा है। चूण्डा के जाने के बाद चित्तौड़ में एक तरह की जो रिक्तता आ गई थी उसकी पूर्ति होने लगी। चित्तौड़ में धीरे-धीरे उल्लास तथा उत्सव, राग तथा रंग का वातावरण दिखने लगा। राणा लाखा के गया-अभियान में जो जनसंख्या का ह्रास हुआ था, वह घाव भी भरने लगा था। पिछले डेढ़-दो वर्षों में मेवाड़ में जो उदासी की भावना व्याप्त हो चली थी, वह अब दूर हो गई। सुख और शान्ति की एक लहर-सी आ गई थी मेवाड़ के शासन में। और इस सबसे राजमाता गुणवती अतिशय प्रसन्न थीं। राव रणमल राणा लाखा से सात-आठ साल ही छोटे थे। इस तरह राणा लाखा और राव रणमल की अवस्था में कोई विशेष अन्तर नहीं था, और लोगों को ऐसा लगता था कि राव रणमल के चित्तौड़ में आने से राणा लाखा के अभाव की पूर्ति हो गई है। कार्य समाप्त होने पर दरबार से राजमाता और राणा मुकुलजी के जाने के बाद हँसी-मजाक, भाँग और मदिरा का दौर आरम्भ होता तो आधी रात तक चलता रहता। इस चहल-पहल और राग-रंग में सिसौदिया और राठौर सामन्त समान रूप से भाग लेते थे।

लेकिन ऊपर से सबकुछ ठीक होते हुए भी मेवाड़ की व्यवस्था में जो महत्त्वपूर्ण परिवर्तन होते जा रहे थे उनके पीछे किसमें कौन-सी भावना काम कर रही थी—इसका किसी को पता नहीं था। पूर्वनियोजित ढंग से रणमल और अमिया ने जो कुछ चाहा वह हो चुका था, लेकिन मनुष्य के मन की अनजानी तहों में कौन-कौन से कलुष छिपे हैं, इसका ज्ञान कभी-कभी अकलुष व्यक्तियों को भी नहीं हो पाता।

जहाँ एक ओर चित्तौड़ नगर की श्री-शोभा और सम्पन्नता तेजी के साथ बढ़ रही थी, वहीं नगर में अपराधों की वृद्धि तेजी के साथ हो रही थी। बाहर से दिन-दहाड़े सशस्त्र लुटेरों के समूह घुस आते थे और नागरिकों को लूटकर ले जाते थे। जौहरियों और सम्पन्न व्यापारियों को अपनी सुरक्षा की अलग व्यवस्था करनी पड़ती थी।

चित्तौड़ की नित्य बिगड़ती हालत से जितनी चिन्ता चित्तौड़ के नागरिकों को थी, उससे भी अधिक चिन्ता राजमाता गुणवती को थी। गढ़ के अधिकांश अहरिया रक्षक रान्ध्रा चले गए थे। राजमाता गुणवती ने रणमल से परामर्श किया। रणमल ने सलाह दी, "बेटी, उस दिन सुधाकर ने कहा था कि जैसलमेर के भट्टी राजपूत यहाँ आकर बसने को उत्सुक हैं। ये भट्टी अहेरियों से अधिक नमकहलाल

और वीर हैं, मुझे मालूम है। चित्तौड़गढ़ की और नगर की रक्षा करने में वे समर्थ होंगे।"

विवशता के भाव से गुणवती बोली, "यही करना होगा, चित्तौड़ की रक्षा करना हमारा प्रथम कर्तव्य है। वैसे मैंने आज्ञा दे दी है कि चित्तौड़गढ़ का फाटक बन्द रहे, जिससे लुटेरों के दल प्रवेश न करने पाएँ। जाँच-पड़ताल के बाद ही चित्तौड़ में किसी का प्रवेश सम्भव है।"

रणमल ने उसी दिन आचार्य सुधाकर को अपने साथ ही भट्टियों को लाने के लिए रवाना कर दिया।

ग्यारहवाँ परिच्छेद

जंगलों के उन्मुक्त वातावरण में अनादिकाल से अपना जीवन व्यतीत करनेवाले भीलों के लिए आर्य सभ्यतावाले कृषिप्रधान और परिश्रम से युक्त ग्रामीण अथवा नागरिक जीवन को, जिसे हम मानव-विकास का स्वाभाविक क्रम कहते हैं, स्वीकार कर लेना ऐतिहासिक परिवेश में असम्भव न भी सही, दुस्साध्य कार्य अवश्य समझा गया है। भारतवर्ष के हिमालय एवं विंध्य पर्वतमालाओं के बीच में फैला हुआ विशाल भूखंड बिहार से लेकर पंजाब तक आर्य सभ्यता का मूल केन्द्र-बिन्दु रहा है। बंगाल तो दलदलों और नदियों का तथा वनों का प्रदेश रहा है, जहाँ आर्य सभ्यता धीरे-धीरे ही पनप सकी। विंध्य पर्वतमाला दक्षिण बिहार से लेकर गुजरात तक फैली हुई है तथा पश्चिम में उसी पर्वतमाला की एक उपशाखा के रूप में गुजरात से लेकर मथुरा एवं दिल्ली तक अरावली पर्वतमाला फैली हुई है।

दक्षिण बिहार से लेकर पूर्व गुजरात तक विंध्य पर्वतमालाओं के घने वनों के अंचल में भारत के आदिवासी भील बसे हुए थे, जिनकी अपनी एक अलग संस्कृति थी, सभ्यता थी तथा जिनका अपना निजी रहन-सहन था। कालान्तर में भीलों की ये बस्तियाँ गायब होने लगीं और आज केवल दक्षिण बिहार एवं पश्चिमी राजस्थान में ही भीलों की बस्तियाँ मिलती हैं। धीरे-धीरे ये बस्तियाँ भी अब मिटती जा रही हैं। एक लम्बे काल तक चलनेवाला सभ्यताओं का संघर्ष ही इसका प्रमुख कारण रहा। भील लोग आर्यों की सभ्यता को मनोवैज्ञानिक ढंग से नहीं अपना सके। आदिवासियों

के कुछ इने-गिने लोग ही अपने को नवीन परिस्थितियों एवं वातावरण में ढालने में समर्थ हो सके। लेकिन जन्मजात प्रवृत्तियों को आसानी से नहीं बदला जा सकता।

रान्ध्रा में भीलों तथा राजपूतों की मिश्रित बस्तियाँ बसाने की परिकल्पना में चूण्डाजी से इसी मनोवैज्ञानिक दृष्टिकोण की उपेक्षा करने की गलती हो गई थी।

प्रेम, घृणा, करुणा, त्याग, ग्रहण आदि गुण तथा विकृतियाँ तो शाश्वत हैं, और समान भाव से मनुष्यों में ही नहीं पशुओं में भी मौजूद हैं। लेकिन मनुष्यों तथा पशुओं में, विकसित तथा अविकसित समाजों में जो इन रूपों में अन्तर दिखता है, वह केवल इसलिए कि मनुष्यों में बुद्धि-तत्त्व है जो भावना पर नियंत्रण करता है और जो लगातार विकसित होते रहनेवाला तत्त्व है।

अँचली अपने अनजाने ही चूण्डा से प्रेम करने लग गई थी।

इक्कीस-बाईस वर्ष की युवती, फूटता हुआ यौवन, उमड़ती हुई यौवन की उमंग, सुगठित शरीर। अँचली अपने पिता की अकेली सन्तान थी। भीलों के अनुसार कुछ लम्बी-सी, लेकिन वैसे मझोले कद और गहरे ताम्र वर्ण की। उसका शरीर ही लचीला तथा गठा हुआ नहीं था, उसका चेहरा भी गढ़ा हुआ था। दूर-दूर के न जाने कितने भील युवक उससे विवाह करने के लिए उत्सुक थे। लेकिन अँचली में विवाह के प्रति किसी तरह का उत्साह ही नहीं था। शिकार के अलावा उसे नाचने-गाने का शौक था। दिन हँसी-खुशी और उल्लास में बीत जाता था। अँचली को अभी तक अपने मन का मीत नहीं मिला था।

उस दिन जब उसने कुँवर चूण्डा को प्रथम बार देखा तथा उसे चूण्डा का परिचय मिला तो उसे ऐसा लगा कि उसके मन का मीत सहसा मिल गया था। चूण्डा से मिलकर उसके मन में एक तरह की गुदगुदी-सी जाग उठी थी।

शरीर की गुदगुदी में एक तरह का अन्तर हो सकता है। शरीर की गुदगुदी जल्दी मिट जाती है, वह भौतिक होती है, लेकिन मन की गुदगुदी भावनात्मक होने के कारण कभी-कभी चिरस्थायी हो जाती है।

रान्ध्रा में बसे हुए भीलों और मेवाड़ से आए हुए राजपूतों के साथ वहाँ एक मिली-जुली बस्ती बनानेवाले चूण्डा की परिकल्पना को साकार करने के प्रयास में योगदान करने के लिए उसने अपने पिता कम्मल को पूर्णतः राजी कर लिया था।

उसका एकमात्र कारण था अँचली के व्यक्तित्व में एक तरह की मोहनी शक्ति—निश्छल, निर्दोष और पवित्र।

अँचली में प्रकृति की कठोरता के साथ-साथ कला का सौन्दर्य भी था। शिकार और कठोर जीवन के साथ-साथ अँचली में नृत्य और संगीत का पागलपन भी था। वह शक्ति की साकार प्रतिमा थी। कमल जैसे रूप के साथ-साथ वह शुभ्रवसना वीणावादिनी सरस्वती भी थी।

अँचली के लिए चूण्डा मन के मीत के रूप में ही नहीं, जीवन के आराध्य-देवता के रूप में आ गए थे। विश्वास, समर्पण और आराधना—इन्हीं भावनाओं पर मानव-समाज की स्थापना है। और समाज की स्थापना का मूल अवयव है नारी। अनादिकाल से नारी का समस्त जीवन समर्पण का जीवन रहा है। बचपन में पिता, युवावस्था में पति और वृद्धावस्था में पुत्र—स्त्री हरेक अवस्था में सहारा ढूँढ़ती रही है। लेकिन जितना सहारा वह लेती है उससे कहीं अधिक सहारा वह देती है, समर्पण के रूप में।

चित्तौड़ से अन्तिम विदा लेकर चूण्डाजी अब अपने चुने हुए अनुयायियों के साथ रान्ध्रा पहुँचे, शाम ढल चुकी थी और अँधेरा घिरने लगा था। भीलों की आबादी अपनी झोंपड़ियों में सिमट आई थी और वे लोग लेटकर सोने की तैयारी कर रहे थे।

उस बिखरी हुई आबादीवाले ग्राम में आहट ही सुरक्षा का मूल साधन थी। उन भीलों की वन्य पशुओं से सतर्कता और सुरक्षा का मूल साधन है पैरों की आहट।

चित्तौड़ से रान्ध्रा पहुँचने में सबसे पहले भीलों की बस्ती पड़ती है, फिर पूर्व की ओर रान्ध्रा होकर बहनेवाली नदी के तट पर भीलों की बस्ती से प्राय: एक कोस की दूरी पर उन बीस राजपूतों की बस्ती थी, जिन्हें चूण्डाजी पिछले अभियान में वहाँ छोड़ गए थे। इस बस्ती में अभी चहलपहल थी, वहाँ प्रकाश का समुचित प्रबन्ध था। लोग वहाँ हँस-गा रहे थे, भील जैसे उस आवाज के अभ्यस्त हो गए थे—उस ओर किसी का ध्यान तक नहीं जाता था।

एकाएक अँचली चौंककर उठ बैठी। उसने कम्मल से कहा, "बापू, लगता है बहुत सारे लोग आ रहे हैं दक्षिण से।"

दिन-भर का थका हुआ कम्मल, उसे नींद सता रही थी। लेटे-लेटे उसने कहा, "चुपचाप सो जा, लोग तो आते ही रहते हैं। यह रान्ध्रा क्या बस रहा है, जान आफत में आ गई है, सारी सुख-शान्ति समाप्त हो गई है।"

अँचली लेटी नहीं, दक्षिण से आती उस आहट पर जैसे उसके कान चिपक गए हों। इन बातों में अँचली की शायद एक नैसर्गिक प्रवृत्ति थी। लेटने के स्थान पर वह उठकर खड़ी हो गई, और भवन के आकार में बनी सामन्त कम्मल की झोंपड़ी के मुख्य द्वारा पर जाकर खड़ी हो गई। प्राय: पन्द्रह-बीस मिनट तक वह खड़ी-खड़ी चित्तौड़ से रान्ध्रा आनेवाली पगडंडी की ओर आँखें गड़ाए रही। और फिर वह दक्षिण की ओर तीर की भाँति भागी। प्राय: चार-पाँच सौ गज तक वह भागती रही जब उसने स्पष्ट देखा कि घोड़े पर सवार चूण्डाजी चले आ रहे हैं और उनके पीछे-पीछे बहुत-से लोग घोड़ों पर सवार हैं। चूण्डाजी के घोड़े के आगे भूमि पर उसने मस्तक नवा दिया। चूण्डाजी अपने घोड़े से उतर पड़े, उन्होंने अँचली के मस्तक पर हाथ रखकर उसे उठा लिया।

अँचली के सारे शरीर में पुलक की एक लहर दौड़ पड़ी, हर्ष से भीगे हुए स्वर में उसने कहा, "तुम महाराज! साक्षात तुम! मेरे मन ने मुझे धोखा नहीं दिया, बापू के मना करने पर भी मैं दौड़ी आई हूँ। चलो।"

चूण्डाजी ने अपने साथवाले भृत्य को संकेत किया, उसने उनके घोड़े की लगाम अपने हाथ में ले ली। चूण्डाजी अँचली के साथ पैदल ही रान्ध्रा की ओर बढ़े। उन्होंने कहा, "मेरे साथ करीब एक सौ आदमी हैं।"

"अरे बाप रे, इतने सारे आदमी!" फिर मुस्कराते हुए उसने कहा, "कोई बात नहीं महाराज! आपके सैनिकों ने पूरब में और नदी के उत्तर में भूमि समतल कर दी है। बड़ी आसानी से पड़ाव पड़ जाएगा।"

अँचली की मुस्कराहट मानो चूण्डा में प्रतिबिम्बित हो उठी, उनके गम्भीर और आच्छादित मुख पर भी एक हल्की-सी मुस्कराहट आई, "पड़ाव नहीं पड़ेगा, ये सब लोग यहाँ बसने आए हैं, इनके मकान बनेंगे। महीना-पन्द्रह दिन में इनके परिवार भी यहाँ आ जाएँगे। और मैं भी, मैं भी यहाँ हमेशा के लिए बसने आया हूँ।"

अँचली जैसे विभोर हो गई, "सच मेरे मालिक! सच! महाराज यहीं रहेंगे, देवता यहीं मेरे पास आ गए हैं!" और फिर सिर झुका सहसा गम्भीर हो गई। वह चूण्डा के पीछे-पीछे मुग्धभाव से चलने लगी।

अँचली के जाने के बाद कम्मल कुछ देर तक अँचली की प्रतीक्षा करता रहा, फिर वह भी झोंपड़ी के बाहर निकलकर खड़ा हो गया। वहीं वह अँचली के लौटने की प्रतीक्षा करने लगा। कम्मल को देखते ही अँचली दौड़ पड़ी, "बापू, महाराज

आए हैं अपनी फौज के साथ, और महाराज यहीं बसेंगे—हमेशा-हमेशा के लिए! अहा-हा!" और अँचली की हँसी का बाँध जैसे टूट गया हो।

कम्मल ने भूमि पर मस्तक नवाकर चूण्डा का अभिवादन किया। इस बीच अँचली दौड़कर कुछ भील स्त्री-पुरुषों को बुला लाई थी। उनके हाथों में मशालें थीं, नगाड़े थे, तुरहियाँ थीं। कम्मल से चूण्डा ने सारी स्थिति बता दी थी। गाजे-बाजे के साथ चूण्डा तथा उनके साथियों का जुलूस, कम्मल तथा उन भीलों के दल के साथ पूरब की ओर बढ़ा, जहाँ राजपूतों की बस्ती थी। प्राय: एक कोस चलने के बाद यह जुलूस वहाँ पहुँचा। मशालों की रोशनी देखकर तथा बाजों की आवाज सुनकर वहाँ के लोग अपने-अपने अस्त्रों को लिये बाहर आ गए। चूण्डाजी को देखते ही उन्होंने हर्षध्वनि की, और तत्काल ही वहाँ की फैली हुई समतल भूमि पर खेमे तथा कनातें लगने लगीं। कुँवर चूण्डाजी के लिए आसन लगा दिया गया।

एक ओर खेमे तथा कनातें लग रही थीं, दूसरी ओर अँचली और उसके साथियों का नृत्य चल रहा था। आधी रात तक यह सब चलता रहा, फिर भीलों का दल अपनी बस्ती की ओर लौट पड़ा और थके हुए चूण्डा के साथी भी सो गए।

सुबह हुई, चूण्डा स्नान तथा पूजन करके अपने खेमे के बाहर निकले। अधिकांश लोग अभी भी सो रहे थे। चूण्डाजी कम्मल से रान्ध्रा की व्यवस्था पर परामर्श करने के लिए भीलों की बस्ती की ओर जाना चाहते थे। खेमे के बाहर निकलते ही उन्होंने देखा कि अँचली सामने भूमि पर बैठी है। आश्चर्य से चूण्डा ने पूछा, "तुम इतने सवेरे इतनी दूर आ पहुँचीं?"

चूण्डा के सामने मस्तक नवाकर अँचली खड़ी हो गई। उसने मुग्धभाव से चूण्डा को देखा, फिर जैसे प्रथम बार उसे अनुभव हुआ कि उसके अन्दर एक तरह की ऐसी भावना उदय हुई है, जिसे वह ठीक तौर से समझ नहीं पा रही है। उसके मुख का रंग कुछ लाल हो गया, आँखें नीची करके वह बोली, "महाराज के दर्शन करने आई हूँ। मेरे बड़े भाग कि अब सुबह-शाम देवता के दर्शन होंगे।" और उसे अनायास ही यह अनुभव हुआ कि उसने वह सब कह डाला है, जो उसे न कहना चाहिए था। घबराकर उसने अपनी बात बदली, "महाराज आ गए, यह अच्छा हुआ। बापू कुछ संकट में हैं। हम भीलों के कई दल हैं, लेकिन उनमें से आधे से अधिक चले गए। महाराज की सेवा में हमारे थोड़े-से ही लोग मिलेंगे। लेकिन महाराज के साथ तो ढेर-सारे लोग आए हैं। अब जो हम लोगों के दल आएँगे वे

महाराज के प्रताप से भागेंगे नहीं, यहीं बस जाएँगे। यहाँ तो हम जितने लोग हैं वे महाराज की सेवा में हैं।"

कितनी भोली, कितनी ममतामयी थी वह युवती जो चूण्डाजी के सामने खड़ी थी। और चूण्डाजी को अनुभव हुआ कि वह अनिन्द्य सुन्दर भी है। उन्होंने कहा, "तुम्हारे बापू से मिलने के लिए मैं निकला हूँ। वह यहाँ के सामन्त हैं यानी मालिक।" चूण्डा मुस्कराए, "और तुम यहाँ की राजकुमारी हो—राजकुमारी अँचली।"

"राजकुमारी नहीं, महाराज की सेविका अँचली हूँ।" अँचली बोली और घूम पड़ी, "बापू अभी घर पर ही हैं। रात में थक गए थे। अब जाग गए होंगे। महाराज चलें।"

जिस समय चूण्डा कम्मल के यहाँ पहुँचे, उन्होंने देखा कि दस-बारह भीलों का एक दल रान्ध्रा छोड़ने के लिए तत्पर है और कम्मल उन्हें रान्ध्रा छोड़ने से रोक रहा है। उनका पारस्परिक विवाद कुछ तेजी पकड़ता जा रहा था कि तभी कुँवर चूण्डाजी ने प्रवेश किया, और उन्हें देखते ही सब सहसा चुप हो गए। सभी ने चूण्डा का अभिवादन किया। चूण्डा ने कम्मल से पूछा, "क्यों, क्या बात है?"

कुछ बुझे हुए स्वर में कम्मल ने कहा, "ये लोग रान्ध्रा छोड़कर जाना चाहते हैं। कल रात जब से महाराज के सैनिक आ गए हैं, और इन्हें पता चला कि सब यहीं रान्ध्रा में रहेंगे, तब से ये लोग यहाँ से उखड़ रहे हैं।"

चूण्डा ने उन भीलों की ओर देखा, "क्यों, तुम लोग क्यों जाना चाहते हो?"

उन भीलों के मुखिया ने उत्तर दिया, "महाराज, हम लोगों का अपना अलग जीवन है, जो आप लोगों के जीवन से मेल नहीं खाता। हम जंगल के वासी हैं, नगर-ग्राम से हम दूर रहना चाहते हैं।"

चूण्डा ने प्रश्नसूचक दृष्टि से कम्मल को देखा। कम्मल ने उत्तर दिया "महाराज, ये ठीक ही कहते हैं। रान्ध्रा में हमारे आदमी आते हैं और कुछ दिन ठहरकर चले जाते हैं।"

"और तुम?" चूण्डा के मत्थे पर बल पड़ गए थे।

कुछ कमजोर स्वर में कम्मल बोला, "महाराज, मैं भी तो इन्हीं लोगों में हूँ। अँचली के कारण महाराज को वचन देकर मैं बँध गया हूँ और मेरे सब लोग भी मेरे कारण बँध गए हैं, लेकिन इन दूर से आनेवालों पर मेरा वश नहीं चलता है।"

चूण्डा कुछ देर तक सोचते रहे, फिर उन्होंने उन भीलों से कहा, "तुम लोग अभी मत जाओ, मैं इस समस्या का कोई निदान निकालूँगा। निश्चिन्त रहो—रान्ध्रा

का यह भाग तुम्हारा है, तुम्हारा ही रहेगा। हम लोग अलग कोई बस्ती बसाएँगे।"

भीलों ने चूण्डा की जय-जयकार की और सन्तुष्ट भाव से अपनी-अपनी झोंपड़ियों में चले गए।

उन भीलों के चले जाने के बाद चूण्डा ने चिन्तित भाव से कम्मल से पूछा, "यह तो एक नई समस्या पैदा हो गई, मैंने इस पर सोचा ही नहीं था। मैं तो चित्तौड़ छोड़कर रान्ध्रा आया था, रान्ध्रा को बसाने और स्वयं यहाँ बसने।"

कम्मल के पास चूण्डा की बात का कोई उत्तर नहीं था। उत्तर अँचली ने दिया, "महाराज, चिन्ता न करें। पूरब-उत्तर में फैला हुआ जो पठार है, वहीं आप अपनी बस्ती बसाएँ। रान्ध्रा से चार कोस पर पड़ेगा वह—रान्ध्रा से दूर भी और नगीच भी। बीच में नदी पड़ती है। तो, हमारी बस्ती घने जंगल में और आपका ग्राम खुले मैदान में।! महाराज वह जगह खुद देख लें, बापू के साथ मैं भी चलती हूँ। आपके गाँव के बसने में हम सब भील आप लोगों की सहायता करेंगे।"

चूण्डाजी ने भारी मन से अँचली का सुझाव मान तो लिया, लेकिन उन्हें यह अनुभव हो रहा था कि उनके लिए नवीन संघर्षों के एक नये जीवन का सूत्रपात हो गया है।

नदी के उत्तर-पूर्ववाले क्षेत्र का निरीक्षण करके जब अँचली और कम्मल के साथ चूण्डाजी अपने शिविर में पहुँचे तो वह बेतरह थक गए थे। दोपहर ढल चुकी थी और उनके मुख पर का काला धुँधलापन घटने की बजाय कुछ अधिक बढ़ गया था। चूण्डा को उनके शिविर के द्वार पर छोड़कर जब अँचली चलने लगी तब उसने चूण्डा से कहा, "महाराज, उदास न हों! मैं अँचली, प्राणपण से महाराज की सेवा में हूँ—महाराज तो मेरे देवता हैं। बापू के लिए मैं बेटी नहीं, बेटा हूँ।" और वह उन्मुक्त भाव से हँस पड़ी।

और चूण्डा को लगा जैसे उनके अन्दरवाले अवसाद का सहसा लोप हो गया है। उनके मुख पर इस बार उल्लास का भाव चमक उठा। मुस्कराते हुए उन्होंने कहा, "मैं तो देवता नहीं हूँ, लेकिन तुम देवी अवश्य हो। तुम्हारा नाम अँचली नहीं, वनदेवी है।"

बारहवाँ परिच्छेद

मन्दौर से एक लम्बे काल तक राव रणमल की अनुपस्थिति के फलस्वरूप मन्दौर की समस्त शासन-व्यवस्था का भार उनके ज्येष्ठ पुत्र जोधा पर आ पड़ा था। जोधा की अवस्था उन दिनों प्राय: पैंतीस वर्ष की थी, जो किसी हद तक महत्त्वाकांक्षा की सीमा में आ गई थी। अपने बाहुबल तथा अपनी बुद्धि पर उसे अडिग विश्वास था। जोधा यथार्थवादी था। अपने पिता के जीवित रहते हुए ही उसने मन्दौर पर अपना शासन स्थापित कर लिया था। उसने कुँवर जोधा की पदवी छोड़कर राव जोधाजी की पदवी अपना ली थी। इसमें राव रणमल की असहमति के स्थान पर एक तरह की गौण सहमति थी, राव रणमल की आँखें तो मेवाड़ के शासन पर थीं।

राजमाता गुणवती ने अपने विवाह के बाद जोधा को नहीं देखा था। इस बार उन्होंने अपने पिता की सलाह से रक्षाबन्धन के पर्व पर राखी बँधवाने को उसे आमंत्रित किया था।

सावन का दूसरा पक्ष आरम्भ हो गया था। वर्षा-ऋतु के कारण समस्त मेवाड़ में हरियाली छा गई थी। समस्त प्रदेश में हर्ष-उल्लास का पर्व-सा चल रहा था। श्रावण शुक्ल पक्ष की नवमी के दिन जब चित्तौड़गढ़ का फाटक बन्द हो गया था, तब रात के प्राय: आठ बजे राव जोधाजी अपने समस्त परिवार अर्थात रानी तथा राजकुमारों एवं चुनी हुई छोटी-सी सेना के साथ चित्तौड़गढ़ के फाटक पर पहुँचे। गढ़-रक्षकों द्वारा तत्काल राव जोधाजी के आने की सूचना राजमाता गुणवती और

राव रणमल को दी गई। उस समय राव रणमल का दरबार लगा हुआ था और राजमाता गुणवती विश्राम की तैयारी कर रही थीं। दिन-भर के खेल-कूद से थके राणा मुकुलजी अपनी धाय मानवती के साथ सो गए थे।

अपने भाई राव जोधाजी के आगमन की सूचना पाते ही राजमाता गुणवती की नींद गायब हो गई। वह अपने कक्ष से बाहर निकलीं और निकलते ही उनकी भेंट रणमल और उसके दरबारियों से हो गई जो राव जोधाजी का स्वागत करने को बाहर आए थे। एकाएक सोता-सा राजभवन एक नवीन जीवन से आलोड़ित हो उठा। राजभवन की रक्षा करनेवाले दस सैनिकों तथा नगाड़ों और तुरहियों के साथ राजमाता गुणवती राव रणमल तथा उनके पाँच दरबारियों को लेकर चित्तौड़गढ़ के फाटक पर पहुँचीं, राव जोधाजी का स्वागत करने के लिए। गढ़ का फाटक खोल दिया गया, और जोधाजी ने अपने परिवार एवं अनुचरों के साथ गढ़ में प्रवेश किया।

अपने बड़े भाई राव जोधाजी के चौड़े कन्धे पर अपना सिर टिकाकर गुणवती फूट पड़ी। पिछले आठ वर्षों से उसने जोधा को नहीं देखा था। और इन आठ वर्षों में क्या-से-क्या हो चुका था उसके जीवन में। वह बालिका से बढ़कर पत्नी बनी, पत्नी बनने के बाद माता बनी। पाँच वर्ष बाद ही विधवा होकर महारानी के स्थान पर राजमाता बन गई।

जोधा को छोड़कर वह अपनी भाभी सुमना से मिली, और फिर उसने अपने भतीजों—सिंहा, कुम्भा और धन्ना को प्यार किया। इसके बाद बाजों-गाजों के साथ वह जुलूस राजमहल वापस आ गया। चित्तौड़गढ़ का फाटक बन्द हो गया। जोधा के अनुचर रिक्त कोठरियों में ठहरा दिये गए। जोधा को राव रणमल के तथा उनके अनुचरों ने सँभाल लिया। और जोधा का परिवार गुणवती के साथ अन्दर रनिवास में चला गया।

दूसरे दिन चित्तौड़ नगर में सुबह ही यह खबर फैल गई कि इस बार रक्षाबन्धन के पर्व पर राजमाता के भाई राव जोधाजी मन्दौर से चित्तौड़ आए हैं, अपनी बहन से राखी बँधवाने। दशमी से पूर्णिमा तक का काल समस्त नगर में उत्सव-पर्व काल घोषित कर दिया गया। चारों ओर राग-रंग, संगीत-नृत्य का दौर। दूसरे दिन अपराह्न के समय जब राव जोधाजी चित्तौड़ नगर देखने निकले तो चित्तौड़ के वैभव से उनकी आँखें विस्फारित हो गईं। रणमल ने अपने सामन्त बीजा को जोधाजी के साथ भेज दिया था, जो चित्तौड़ के कोने-कोने से परिचित हो चुका था। चित्तौड़गढ़

के फाटक को देखकर जोधा आश्चर्य से बोल उठा, "अभेद्य गढ़ है यह!" और एकाएक उनकी नज़र गढ़ के रक्षक भट्टी सैनिकों पर पड़ी। उन्होंने बीजा से पूछा, "ये लोग तो जैसलमेर के भट्टी दिखते हैं, यहाँ कैसे आए?"

बीजा मुस्कराया, उसने हाथ जोड़कर कहा, "जो औरों के लिए अभेद्य और दुर्गम गढ़ है वही राठौरों के लिए सुगम बना दिया गया है इन भट्टियों की नियुक्ति द्वारा। यहाँ के रक्षक अहेरियों के कुँवर चूण्डाजी के साथ जाने के बाद जैसलमेर के इन भट्टियों को यहाँ के रक्षक के रूप में ले आया हूँ।" और बीजा ने विस्तार के साथ बीते हुए कई महीनों में चित्तौड़ में जो कुछ भी घटित हुआ था, उसका वर्णन कर डाला।

सबकुछ सुनकर जोधा को ऐसा लगा कि कुछ गलत हो रहा है। उसके मन में किसी तरह का उत्साह तथा उल्लास नहीं था। उसने केवल इतना कहा, "रावजी बड़ा लम्बा खेल खेल रहे हैं, इसका परिणाम क्या होगा यह कहना कठिन है।"

रक्षाबन्धन का त्योहार आया, गुणवती ने अपने भाई को राखी बाँधी। जोधा इस अवसर के लिए विविध रत्न एवं वस्त्र ले आया था। उसने अपनी बहन को उपहार दिये। भाद्र कृष्ण पक्ष की चतुर्थी के दिन यानी चार दिन बाद ही राव जोधाजी का मन्दौर जाने का कार्यक्रम था। तृतीया के दिन संध्या के समय एकान्त में राव जोधा और राव रणमल में एकान्त में बातचीत हुई। जोधा ने रणमल को सूचना दी, "मारवाड़ का प्राय: तीन-चौथाई भाग मैंने जीत लिया है। आप अब कब तक मेवाड़ में रहिएगा? मारवाड़ को एक बड़े एवं शक्तिशाली राज्य के रूप में सुसंगठित करने के लिए मुझे आपकी सहायता की आवश्यकता है।"

राव रणमल ने कुटिल मुस्कराहट के साथ कहा, "तुम अब मेरे स्थान पर मन्दौर के राव हो ही गए हो जोधाजी! तुमने मारवाड़ को जीता है, तो तुम उसे अकेले ही विकसित और सुगठित करो। मुझे तो मेवाड़ की राज्य-व्यवस्था सँभालनी है। मैं यहीं रहूँगा।"

"हम लोगों को मेवाड़ से क्या लेना-देना?" जोधा ने पूछा।

"तुम्हें हो या न हो, लेकिन मेवाड़ की शक्ति के बिना मारवाड़ सशक्त और सुसम्पन्न नहीं बन सकेगा, मैं इतना जानता हूँ। दिल्ली के मुसलमान बादशाहों की सल्तनत से मिला हुआ मारवाड़ का प्रदेश। मारवाड़ और मेवाड़ की सम्मिलित

शक्ति ही दिल्ली के यवन बादशाहों का मुकाबला करेगी। सब जानते हैं कि मारवाड़ साधनहीन मरुभूमि का इलाका है जबकि मेवाड़ हराभरा और उर्वरक भूखण्ड है—चाँदी, ताँबा आदि भू-खनिजों से युक्त। मैं तो मेवाड़ छोड़कर मारवाड़ जाने की बात सोच ही नहीं सकता।" और फिर कुछ रुककर रणमल ने कहा, "मेरा मन बिना सिंहा के यहाँ नहीं लगता, फिर मन्दौर के संघर्षमय जीवन में उसकी उचित शिक्षा-दीक्षा का प्रबन्ध भी नहीं हो पाएगा। मैं तो चाहता हूँ कि मैं सिंहा को यहाँ अपने पास रोक लूँ। यहाँ उसकी शिक्षा-दीक्षा का भी प्रबन्ध हो जाएगा। फिर सिंहा और मुकुलजी दोनों भाई हैं। सिंहा और मुकुलजी का भी एक-दूसरे से मन बहल जाएगा।"

जोधा ने एक पैनी और अर्थ-भरी दृष्टि अपने पिता पर डाली। अपने पिता की प्रवृत्ति और प्रकृति से वह भलीभाँति परिचित था। कुछ देर तक वह चुपचाप तेजी के साथ सोचता रहा फिर उसने कहा, "जैसी आपकी मर्जी, लेकिन अगर सिंहा को गुणवती अपनी मर्जी से रोके तभी उचित होगा। और आप जो कुछ भी करिएगा बड़ी सावधानी से करिएगा।"

"यह मुझ पर छोड़ दो! सिंहा के यहाँ रुकने का प्रस्ताव भी गुणवती ही रखेगी तुम्हारे सम्मुख, तुम यह प्रस्ताव स्वीकृत कर लेना।"

मेवाड़ से अपने परिवार के साथ विदा लेने के लिए जब जोधा रनिवास में पहुँचा तो गुणवती ने कहा, "पिताजी का मन यहाँ सिंहा के बिना नहीं लगता, तो मैं चाहती हूँ कि सिंहा कुछ दिनों के लिए यहीं रुक जाए। मेरी विनय है कि इस बार दशहरे में समय निकालकर आप अवश्य आएँ और दशहरे के दरबार में राणा मुकुलजी के नाना और मामा उसका तिलक अपने हाथों से करें। तब तक सिंहा यहीं रहेगा। सिंहा को मैं तभी वापस भेजूँगी जब आप स्वयं उसे यहाँ लेने आएँगे।" और गुणवती अपनी वाक्चातुरी पर स्वयं हँस पड़ी, बिना यह जाने कि भयानक कुचक्र में वह स्वयं फँसती जा रही है।

राव जोधा के साथ आनेवाले सामन्तों एवं सैनिकों में से आधे सिंहा के अनुचर के रूप में चित्तौड़ में ही रुक गए थे। इसका पता गुणवती को एक सप्ताह बाद लगा, जब रघुदेव ने एकान्त में गुणवती से कहा, "राजमाताजी, क्या मन्दौर से जोधाजी के साथ आनेवाले प्राय: पचास सामन्तों एवं सैनिकों को चित्तौड़ तथा मेवाड़ के अन्य भागों में बसने का आदेश अपने दिया है?"

आश्चर्य के साथ गुणवती बोली, "मैंने तो ऐसा कोई आदेश नहीं दिया है। न पिताजी ने इस सम्बन्ध में मुझसे कोई बात की है। क्यों, क्या बात है?"

"चित्तौड़ में तेजी के साथ बसनेवाले राठौर सामन्तों एवं सैनिकों की उपस्थिति से सिसौदिया सरदारों में एक तरह का विक्षोभ उत्पन्न हो गया है। यहाँ से जाते समय चूण्डाजी मुझसे कह गए थे कि मेवाड़ तथा चित्तौड़ के राठौरों के बढ़ते हुए प्रभाव पर कड़ी नजर रखना। सिसौदिया और राठौरों के हित एक नहीं हैं—यह तो आप भी जानती हैं।"

राजमाता गुणवती कुछ अजीब उलझन में पड़ गईं। भावावेश में आकर गुणवती ने अपने भतीजे सिंहा को कुछ काल तक चित्तौड़ में रुकने की अनुमति अवश्य दे दी थी, लेकिन जोधा के जाने के बाद मेवाड़ के दरबार में रणमल की गोद में मुकुलजी के साथ सिंहाजी की यदाकदा उपस्थिति उन्हें अखर रही थी। कुछ देर सोचने के बाद गुणवती ने कहा, "सिसौदिया सरदारों को शान्त रखो, मैं इस सम्बन्ध में पिताजी से बात कर लूँगी।"

अपने पौत्र सिंहा के आने के बाद रणमल का अधिकांश समय सिंहा के लाड़-प्यार में बीतने लगा। रघुदेव से बात करने के दूसरे ही दिन गुणवती ने अपने पिता से कहलाया—"कुछ आवश्यक विषय पर राजमाता आपसे बात करना चाहती हैं। आप उनसे मिल लें!"

गुणवती का यह सन्देशा रणमल को अच्छा नहीं लगा। अब तक वे चित्तौड़ में काफी शक्तिशाली और प्रभावशाली बन चुके थे। फिर उस समय वह सिंहा को खिलाने में तल्लीन थे। सिंहा को साथ में लेकर वह गुणवती के कक्ष में पहुँचे। राव रणमल के साथ सिंहा को देखकर गुणवती को अच्छा नहीं लगा। उसने महल के अन्दर से अमिया को बुलाकर कहा, "कुँवरजी को राणाजी के कक्ष में पहुँचा दो। दोनों कुछ देर तक आपस में खेलेंगे। तब तक मैं पिताजी के साथ कुछ परामर्श कर लूँ।"

अमिया के साथ सिंहा के जाने के बाद गुणवती ने बात आरम्भ की, "पिताजी, जहाँ तक मुझे पता चला है, चित्तौड़गढ़ की व्यवस्था सुचारु रूप से चल रही है और मेवाड़ की जनसंख्या में जो कमी हुई थी वह पूरी ही नहीं हो चुकी है वरन् पहले से भी अधिक बढ़ रही है।"

सहमति से अपना सिर हिलाते हुए रणमल ने उत्तर दिया, "भगवान एकलिंग

की कृपा है। चित्तौड़ अब पूर्ण रूप से निरापद हो गया है। समस्त मेवाड़ राज्य में सुख-शान्ति का वातावरण है।"

गुणवती कुछ चुप रहकर बोली, "पिताजी, क्या यह सच है कि जोधाजी के जाने के बाद आपने मन्दौर के पचास सामन्तों और सैनिकों को मेवाड़ और चित्तौड़ में रोक लिया है?"

राव रणमल के मत्थे बल पड़ गए, लेकिन बड़े प्रयत्न के साथ उन्होंने अपना स्वर संयत रखते हुए उत्तर दिया, "क्यों, इस समय यह प्रश्न क्यों? क्या किसी ने इसकी शिकायत की है?"

"शिकायत तो नहीं की है, लेकिन मैंने दास-दासियों से यह चर्चा सुनी है।"

रणमल ने कृत्रिम मुस्कान के साथ कहा, "मैंने उन्हें नहीं रोका है, वे स्वयं रुक गए हैं, सिंहा मन्दौर का युवराज है, युवराज के साथ हमेशा उसके सामन्त और सैनिक रहते हैं। इस परम्परा को तुम जानती हो, क्या इस पर तुम्हें कोई आपत्ति है?"

गुणवती के स्वर में अब अधिकार की भावना आ गई थी, "लेकिन सिंहाजी तो हमेशा यहाँ रहने नहीं आए हैं, फिर इन सैनिकों और सामन्तों के परिवार यहाँ रहने क्यों आ रहे हैं? चित्तौड़ में यथेष्ट संख्या में राठौर सैनिक और उनके परिवार बस गए हैं, इससे सिसौदिया सामन्तों में विक्षोभ की भावना भर रही है।"

"तो यह चर्चा दास-दासियों की नहीं है, तुमसे किसी ने शिकायत की है। इस शिकायत के पीछे कुछ गुप्त राजनीतिक षड्यंत्र लगता है।" रणमल का स्वर भी अब कुछ प्रखर हो गया, "मुझे पता है कि राणा मुकुलजी के प्राणों को खतरा है। जब मैं चित्तौड़ आया था तभी मुझे इसका आभास हो गया था। मेवाड़ के सिसौदिया सरदार कभी भी राणा मुकुलजी को अपने मन से मेवाड़ के शासक के रूप में नहीं स्वीकार कर सके। उनकी वफादारी हमेशा कुँवर चूण्डाजी के प्रति रही है। तभी तो इतने सामन्त और सैनिक चूण्डाजी के साथ उस निर्जन प्रदेश रान्ध्रा में जाकर बस गए हैं। मेरी सलाह मानो तो तुम इन सिसौदिया सरदारों से सावधान रहो।"

गुणवती चक्कर में पड़ गई। जो कुछ रणमल ने कहा था वह उसे तर्कहीन नहीं लगा। स्वर से अधिकार की भावना लुप्त हो गई, आँखें झुकाकर उसने कहा, "मेरी समझ में नहीं आ रहा है यह सब! लेकिन चूण्डाजी पर अविश्वास करने का मन नहीं करता।"

रणमल को अनायास ही सुअवसर मिल गया था। उनकी आँखें चमक उठीं, बड़ी आत्मीयता के साथ उन्होंने गुणवती के सिर पर हाथ फेरकर कहा, "चूण्डाजी तो देवता हैं, मैं उनके विरुद्ध कुछ नहीं कहता। लेकिन ये सिसौदिया वंश के लोग राणा मुकुलजी के हितू नहीं हैं। राणा मुकुलजी की माता राठौर वंश की है न! तो राणा मुकुलजी की रक्षा करने के लिए मैं अपने राठौर सैनिकों के साथ यहाँ आ गया हूँ। अपने नाना राव रणमल की देखरेख में राणा मुकुलजी निरापद हैं।"

अपने पिता की बात सुनकर गुणवती गद्‌गद हो गई, उसकी आँखों में आँसू आ गए, "जैसी आपकी मर्जी। राणाजी तो आप पर पूर्ण रूप से निर्भर हैं। इधर इन दिनों मेरी तबीयत भी कुछ ठीक नहीं रहती है।"

राव रणमल ने उठते हुए कहा, "अधिक परिश्रम न करो बेटी। मेवाड़ और चित्तौड़ के शासन और उसकी व्यवस्था में अपने को घुला देने से कोई लाभ नहीं—इस व्यवस्था का भार तुम मुझ पर छोड़ दो। नारी अबोध, कोमल और असीम करुणामयी होती है। शासन का भार तो पुरुष के कठोर और बलिष्ठ कन्धों पर होना चाहिए। मैं आज ही वैद्यराज रूपा से तुम्हारे उपचार पर परामर्श करूँगा। पूर्ण रूप से स्वस्थ होकर ही तुम राजकाज सँभालना।"

अपने कक्ष में पहुँचकर रणमल ने मेवाड़ के राजवैद्य रूपा को बुलाया। राजवैद्य रूपा के आने पर उन्हें बड़े आदर के साथ उन्होंने बिठाया, "वैद्यराज, राजमाता की परीक्षा कर लीजिए। उनकी तबीयत ठीक नहीं रहती।"

"मैंने कल ही उनकी परीक्षा की थी, उनका स्वास्थ्य तो ठीक है।"

रणमल ने कहा, "मुझे ऐसा लगता है कि उन्हें कुछ विश्राम की आवश्यकता है। राजकाज स्त्रियों के वश की बात नहीं, और इधर कुछ महीनों से उन्हें अधिक मानसिक तनाव का सामना करना पड़ा है। मेरी बात तो वह सुनती ही नहीं, आप उन्हें सलाह दीजिए कि कुछ दिनों तक अधिक परिश्रम न करें।"

इसके पहले कि राजवैद्य रूपा पण्डित उपचार के सम्बन्ध में कुछ और सलाह करें, राव रणमल ने उन्हें एक सौ स्वर्ण मुद्राएँ भेंट करते हुए कहा, "मेरी बेटी हैं राजमाता। उन्हें कुछ न हो जाए, यह ध्यान रखिएगा।"

"आप निश्चिन्त रहें महाराज!" रूपा पण्डित ने कहा और प्रसन्न मन वह चले गए।

वैद्यराज रूपा के चले जाने के बाद रणमल ने बीजा को बुलाकर कहा, "बीजा, कल से मुझे स्वयं मेवाड़ की शासन-व्यवस्था करनी है। इस समय चित्तौड़ में कितने राठौर सैनिक और सरदार हैं?"

"चित्तौड़ और अन्य भागों में फैले हुए प्राय: दो हजार से ऊपर सामन्त और सैनिक हैं।"

"तुम लोग सिसौदियों को साम-दाम-दण्ड-भेद की नीति से मेरा अनुचर और अनुयायी बनाने का प्रयत्न करो। राव जोधाजी मारवाड़ पर शासन करेंगे, मैं मेवाड़ पर शासन करूँगा।"

"और आपके बाद सिंहाजी..." बीजा बोला।

अपने होंठों पर उँगली रखकर रणमल ने उत्तर दिया, "चुप रहो, दीवार के भी कान होते हैं।

तेरहवाँ परिच्छेद

रोगों की अनगिनती कोटियाँ होती हैं। शारीरिक रोगों की पकड़ और उनका निदान औषधि-विज्ञान में आ गए हैं और लगातार आते चले जाते हैं। लेकिन मन अमूर्त संज्ञा होने के कारण मानसिक रोगों की कोटियाँ औषधि-विज्ञान में पहेलियाँ बना रही हैं, और उनका उपचार भी अनिश्चित और अवैज्ञानिक रहा है। प्रेत-बाधा, झाड़-फूँक से लेकर देवी-देवताओं की मान्यता तथा अनुष्ठान एवं व्रत—ये सब मानसिक रोगों के उपचार के रूप में होते हैं।

मानसिक रोग स्थायी हो सकते हैं, अस्थायी हो सकते हैं—मगर कुछ विशेष अवधि के लिए। और जहाँ तक अवधि का प्रश्न है, किस रोग की कितनी अवधि है यह भी नहीं कहा जा सकता। इन मानसिक रोगों के कारण भी अनगिनती हो सकते हैं। और जब तक कोई कुशल वैद्य और चिकित्सक अपना निदान नहीं देता तब तक मानसिक रोग शारीरिक रोग से पृथक् समझ में भी नहीं आता।

गुणवती रोगग्रस्त थी, एक वैद्य ने यह निदान दिया था और उस रोग का निदान उन्होंने मनबहलाववाला विश्राम बताया था।

भादों की महीना भगवान कृष्ण के जन्म का महीना होता है, विशेष रूप से ब्रजभूमि के निकटवर्ती क्षेत्रों में। जिस दिन राव रणमल ने रूपा वैद्य से गुणवती की अस्वस्थता का निदान कराया था, उस दिन भादों के महीने के कृष्ण पक्ष की षष्ठी थी। दो दिन बाद ही कृष्ण-जन्माष्टमी पड़ती थी। रूपा पण्डित के छोटे भाई

रत्नाकर उर्फ रत्नू पंडित एक सप्ताह पहले आजीविका की तलाश में चित्तौड़ आए थे। रत्नू सुन्दर आकृति के युवक थे, लेकिन स्त्रैण प्रवृत्ति के। उनकी अवस्था प्रायः सत्ताईस-अट्ठाईस वर्ष की थी। वह काशी गए थे, ज्योतिषशास्त्र की विद्या प्राप्त करने। लेकिन उन्हें संगीत और नृत्य में रुचि थी। शरीर लचीला और कण्ठ अत्यन्त कोमल और मधुर। ज्योतिषशास्त्र की अपेक्षा उनका मन भजन-कीर्तन में अधिक लग गया। चैतन्य महाप्रभु के आश्रम में उन्होंने भजन-कीर्तन में प्रवीणता प्राप्त कर ली थी। उनके राजस्थान वापस लौटने पर रूपा वैद्य को रत्नू के लिए किसी अच्छी जगह की व्यवस्था करना कठिन लगा। रणमल के यहाँ से वापस लौटने पर रूपा ने सोचा कि जो सौ स्वर्णमुद्राएँ उन्हें राव रणमल से मिली हैं उनमें से पच्चीस मुद्राएँ रत्नू को देकर उन्हें काशी के लिए रवाना कर दिया जाए।

रत्नू को ढूँढ़ते हुए जब रूपा वैद्य घर का चक्कर लगा रहे थे तो उन्हें अपने मकान के पीछेवाले बाग में रत्नू अपने हाथ में करताल लिये हुए जयदेव का एक पद गाता हुआ दिखा। इतना कवित्वमय पद, इतना सुन्दर स्वर—रूपा वैद्य मंत्रमुग्ध-से रत्नू का संगीत सुनते रहे। रत्नू ने जैसे ही वह पद समाप्त किया, रूपा उसके सामने प्रकट हुए। उन्होंने आगे बढ़कर रत्नू से कहा—"बड़ा सुन्दर गाते हो! तो, काशी में ज्योतिषशास्त्र के स्थान पर तुमने...।"

रत्नू ने मुस्कराते हुए रूपा की बात पूरी की, "संगीतकला का अध्ययन किया है, नृत्यकला सीखी है। महाप्रभु चैतन्य की भक्तिरसवाली कीर्तनमण्डली में मेरा अग्रगण्य स्थान हो गया है।"

"तो फिर तुम चित्तौड़ वापस क्यों आए?"

"वहाँ धन का अभाव है—त्याग और विराग के पथ में विवाहित और बाल—बच्चेवाले की गति नहीं है।"

बात रत्नू ने तथ्य की कही थी, वैद्यराज के अन्दरवाला कला का रस सांसारिकता की प्रखर आँच में सूख गया, "ठीक कहते हो। फिर नाचने-गाने से कुल की मर्यादा भी नष्ट होती है। ब्राह्मण का धर्म है शास्त्रों में पारंगत होना, और शास्त्र के नाम पर तुम कोरे हो।"

अविचलित भाव से रत्नू ने उत्तर दिया, "शास्त्र के नाम पर मैंने धर्मशास्त्र की शिक्षा पाई है। काशीप्रवास के अवसर पर मैं बंगभूमि गया। वहाँ महाप्रभु चैतन्य, महाकवि जयदेव, महाकवि चण्डीदास ने वैष्णवमत का जो रूप प्रस्तुत किया, वही

मानवमुक्ति का एक रूप बन सकेगा। महाप्रभु चैतन्य ने भगवान कृष्ण की जन्मभूमि मथुरा को नया गौरव प्रदान किया है। मैं मथुरा जाकर बसना चाहता था, लेकिन वहाँ इतने अधिक बंगाली भर गए हैं कि अब वहाँ मेरी गति ही नहीं। हारकर मैं आपकी शरण में आया हूँ।"

वैद्यराज कुछ देर तक सोचते रहे, एकाएक उनके मन में एक विचार आया, "आज भाद्र कृष्णपक्ष की षष्ठी है, परसों कृष्ण-जन्माष्टमी है। क्या तुम रनिवास में जन्माष्टमी के दिन छोटा-सा उत्सव कर सकते हो?"

"क्यों नहीं, अवसर मिल जाए तो मैं सबकुछ कर सकता हूँ।"

रूपा वैद्यराज बोले, "अच्छी बात है। रात के समय मैं तुम्हें बताऊँगा।" और वह चुपचाप अपने कक्ष में चले गए।

अपराह्न के समय राजवैद्य रूपा राजमाता की सेवा में उपस्थित हुए। उन्होंने राजमाता की नाड़ी की परीक्षा की। फिर वह बोले, "राजमाताजी को किसी प्रकार का कोई रोग नहीं है। केवल थोड़ी-सी मानसिक चिन्ता और शारीरिक थकान है। इस मानसिक चिन्ता और थकान का एकमात्र उपचार है भगवत-भजन। तो, इस गम्भीर राजकाज के साथ यदि कुछ भगवत-भजन की व्यवस्था हो जाए तो बड़ा शुभ हो।"

राजवैद्य रूपा की बात में गुणवती को कुछ सार दिखा। वह बोली, "मैं अब नियमित रूप से भगवान का पूजन करूँगी, लेकिन पूजा-पाठ में अधिक समय नहीं लगता?"

राजवैद्य रूपा ने कहा, "यह तो समय निकालने और लगाने की बात है, परसों भगवान कृष्ण का जन्मोत्सव है। तो, इस बार श्रीकृष्ण का जन्मोत्सव बड़ी धूमधाम से मनाया जाए, नृत्य और संगीत के साथ भगवान कृष्ण के जन्मदिन अष्टमी से लेकर उनकी छठी के दिन तक तो यह उत्सव चलेगा ही, उसके बाद आप थोड़ा-बहुत राजकाज देखने लगिएगा।"

गुणवती की दासियों ने एक स्वर से रूपा वैद्य के इस प्रस्ताव का उल्लास के साथ समर्थन किया। और दूसरे दिन से ही कृष्ण-जन्मोत्सव का कार्यक्रम राजभवन के अन्त:पुर में बन गया।

पूरा भादों का महीना उत्सवों में बीता, विशेष रूप से रत्नू के संगीत और नृत्यकला के प्रदर्शनों में। और उन उत्सवों के कलापक्ष में गुणवती इतनी तल्लीन हो गई थी कि उसने इस बात पर ध्यान ही नहीं दिया कि मेवाड़ का शासन-तंत्र किस

तरह चल रहा है, किन परिस्थितियों में चल रहा है। गुणवती यह भी भूल गई थी कि जोधा ने विजयादशमी के दिन मेवाड़ आकर राणा मुकुलजी का तिलक अपने हाथों करने का वचन दिया था।

भादों की अनन्त चतुर्दशी के बाद कुँवर का पितृपक्ष आता है, और अनन्त चतुर्दशी के बाद सहसा गुणवती के उस मानसिक रोग की अवधि समाप्त हो गई। गुणवती ने राव रणमल को सन्देश भिजवाया कि वह उनसे परामर्श करना चाहती है। इस बार राव रणमल ने गुणवती के पास स्वयं आने के स्थान पर गुणवती को अपने यहाँ बुलवा लिया।

गुणवती ने रणमल से कहा, "अब मैं पूर्ण रूप से ठीक हो गई हूँ, कल से मैं राजकाज की व्यवस्था के लिए दरबार में आया करूँगी। एक महीना से ऊपर हो गया मुझे घर बैठे-बैठे।"

"जैसी तेरी मर्जी," रणमल ने उत्तर दिया, "वैसे राज्य का कार्य सुचारु रूप से चल रहा है। समस्त समस्याएँ मेरी पकड़ में आ गई हैं। कभी-कभी दरबार में औपचारिक रूप से आ जाया कर।"

"लेकिन मुझसे प्रजा अपेक्षा करती है कि मैं आकर उसे अपने दर्शन दूँ।"

रणमल हँस पड़े, लेकिन उनकी हँसी में एक तरह का व्यंग्य था। उन्होंने कहा, "ठीक है—लेकिन पितृपक्ष आरम्भ हो गया है, अशुभ मुहूर्त है। पितृपक्ष के समाप्त होने के बाद ही तेरे लिए अपना काम सँभालना उचित होगा।"

गुणवती बोली, "ठीक है, पितृपक्ष के बाद सही। लेकिन विजयादशमी के अब कुल तेईस-चौबीस दिन बाकी हैं। विजयादशमी के दिन राणाजी का दरबार होना है, उस दरबार में व्यवस्था करनी है। मेवाड़ के सामन्तों को निमंत्रण भिजवाने हैं।"

लापरवाही के साथ रणमल ने उत्तर दिया, "राणा मुकुलजी का विजयादशमी के दिन दरबार तो होगा ही—समस्त भारतवर्ष में क्षत्रिय राजाओं की यह परम्परा है। मेवाड़ के सामन्तगण इस परम्परा से परिचित हैं, वे स्वयं दरबार में उपस्थित होते हैं, उन्हें निमंत्रण नहीं भेजा जाता। जो सामन्त इस दरबार में नहीं आएगा वह राणाजी की अवज्ञा के दोष का भागी होगा।"

रणमल का उत्तर तर्कसंगत था, तो भी गुणवती फिर बोली, "रक्षाबन्धन के दिन जोधाजी ने मेवाड़ आकर राणा मुकुलजी को अपने हाथों राजतिलक करने का वादा किया था, उनका कोई सन्देश आया है?"

"उनका सन्देश तो नहीं आया है, लेकिन यह सूचना अवश्य आई है कि मन्दौर के उत्तर-पश्चिम में जो इलाके उन्होंने जीते हैं उन्हें मन्दौर राज्य में सम्मिलित करके वह विजयादशमी के त्योहार के दिन अपना शानदार दरबार कर रहे हैं। राठौरों को एक सूत्र में बाँधकर वह एक शक्तिशाली राज्य की स्थापना कर रहे हैं।"

हरेक नशे के बाद उसका खुमार आया करता है। गुणवती पर उसके धार्मिक नशे का भी खुमार था। उसका मन गिरता जा रहा था। उदासी से भरा एक धुँधलापन भरता जा रहा था उसके अन्दर। उसने बल लगाकर कहा, "कोई बात नहीं, लेकिन मैं चाहती हूँ कि इस बार राणाजी का दरबार शानदार हो, मैंने तय कर लिया है कि पितृपक्षों के बाद मेवाड़ की राज्य-व्यवस्था सँभालने के लिए मैं दरबार में विधिवत आया करूँगी।"

रूखे स्वर में रणमल ने उत्तर दिया, "राज-व्यवस्था सँभालना स्त्रियों के वश की बात नहीं, वह तो मैं सँभाल ही रहा हूँ। तुझे इस पर कोई आपत्ति है या किसी ने तुझसे मेरी शिकायत की है?"

गुणवती का साहस अब जवाब देने लगा था। कुछ सकपकाते हुए उसने कहा, "नहीं, आपकी राज्य-व्यवस्था से सभी सन्तुष्ट हैं, लेकिन मैंने सुना है कि मेरी अनुपस्थिति प्रजा को कुछ खटकती है।"

रणमल हँस पड़े, "मेवाड़ की राजमाता की अनुपस्थिति लोगों को खटकती है, इसमें कोई आश्चर्य की बात नहीं है। राजनीतिक या फिर सार्वजनिक-धार्मिक उत्सव और समारोह—इन्हीं स्थानों पर राजमाता की उपस्थिति नजर आ सकती है। धर्म से यह लोक सँभलता है, परलोक सँभलता है। तो बेटी, पितृपक्ष के बाद नवरात्रि का समारोह होना है, भवानी की पूजा के समारोह की व्यवस्था तेरी ओर से मैं कराए देता हूँ, तू समस्त भक्ति और आस्था के साथ धार्मिक समारोहों और उत्सवों में अपना जीवन अर्पित कर दे। दान-दक्षिणा के लिए मेवाड़ का राजकोष खुला है। राणाजी के कल्याण के लिए यह धर्म-कर्म, दान-दक्षिणा आवश्यक है।"

गुणवती ने बात आगे नहीं बढ़ाई। आगे बढ़ाने के लिए उसके पास कोई बात थी ही नहीं। रणमल ने धार्मिक नशे का दूसरा घूँट गुणवती को पिला दिया था।

चित्तौड़ में राजमाता गुणवती के तत्त्वावधान में नवरात्रि का उत्सव बड़ी धूमधाम के साथ आरम्भ हुआ। वैसे नवरात्रि बंगाल के बाहर समस्त उत्तर भारत में स्मार्तों

द्वारा एक पावन पर्व की तरह वैयक्तिक उपासना के रूप में ही मनाया जाता है। लेकिन रत्नू पंडित ने बंगाल की दुर्गापूजा के ढंग से नवरात्रि को सार्वजनिक रूप दिया, जो चित्तौड़वासियों के लिए एक नवीनता थी।

सप्तमी के दिन जब काली की पूजा होनेवाली थी, प्रात:काल चित्तौड़गढ़ के प्रहरियों ने राजमाता गुणवती को रान्ध्रा से कुँवर चूण्डा के सामन्त कम्मल तथा उसके दल की आने की सूचना दी। रानी गुणवती प्रात:काल उठकर पूजा के मण्डप में पहुँच गई थीं। पुरोहित के रूप में रत्नू पण्डित पूजा की तैयारी में व्यस्त थे। कुँवर चूण्डा के प्रतिनिधि के रूप में सामन्त कम्मल के आने की सूचना पाकर गुणवती के मन में एक पुलक-सा जाग उठा। एक लम्बे अरसे से मानो कुँवर चूण्डाजी से हरेक तरह का सम्पर्क कट गया था। और उस अवसर पर जबकि गुणवती की अनजानी तहों में एक तरह का धुँधलापन छा रहा था, कुँवर चूण्डा से सम्पर्क की स्थापना उसे अपने लिए एक वरदान के रूप में लगी। राव रणमल द्वारा गुणवती को समय-समय पर जो सूचना मिलती थी, उससे तो यही समझा जाता था कि चूण्डाजी एक स्वतंत्र राज्य की स्थापना कर रहे हैं। लेकिन चूण्डाजी ने मेवाड़ के इलाकेदार की हैसियत से राणा मुकुलजी के दशहरे के दरबार के लिए भेंट भेजी है, इस समाचार से गुणवती विभोर हो उठी थी। उसने तत्काल सामन्त कम्मल को पूजामण्डप में ही बुला भेजा।

कम्मल अँचली के साथ राजमाता गुणवती की सेवा में उपस्थित हुआ। भूमि पर मस्तक नवाकर कम्मल पीछे खड़ा हो गया। अँचली राजमाता के सामने आई। उसने अपने आँचल से खोलकर कुँवर चूण्डा का पत्र राजमाता को दिया।

एक संक्षिप्त-सा पत्र जिसमें चूण्डाजी ने राणा मुकुलजी का अभिवादन किया था, राजमाता गुणवती को अपने उस वचन की याद दिलाते हुए कि जब राजमाता स्वयं याद करेंगी, तभी वह चित्तौड़ आएगा। चूण्डाजी ने लिखा था कि राणाजी के एक इलाकेदार की हैसियत से मैं अपनी भेंट भेज रहा हूँ और हमेशा भेजता रहूँगा। एक संक्षिप्त-सा पत्र, ममता और पूज्य भावना से युक्त। राजमाता गुणवती ने उस पत्र को अपने मस्तक से लगाकर अपने आँचल में बाँध लिया। फिर वह अँचली की ओर मुड़ी—"हूँ! तो कुँवर चूण्डाजी चित्तौड़ तब आएँगे जब मैं उनसे चित्तौड़ आने की प्रार्थना करूँगी।" और एकाएक राजहठ ने उस ममतामय पुलक का स्थान ले लिया। फिर राजमाता गुणवती ने अँचली की ओर गौर से देखा।

गहरे ताम्रवर्ण की युवती, जो दूर से काली दिखती थी। गठा हुआ शरीर, अति सुन्दर मुखाकृति। गुणवती को अनुभव हुआ कि सरदार काली भवानी उसके सामने प्रकट हुई हैं। अन्तर केवल इतना था कि अँचली के गले में मुण्डमाला नहीं थी, लेकिन कमर के नीचे बाघम्बर झूल रहा था। हाथ में खड्ग लेकिन पीठ पर तरकस कसा हुआ था जिसमें तीर थे, और कन्धे पर धनुष लटक रहा था। मुग्ध भाव से कुछ देर तक वह अँचली को देखती रही, फिर गुणवती ने अपने सिर को झटका दिया। कल्पना-लोक से निकलकर वह यथार्थ के धरातल पर आ गई। उसने कम्मल से पूछा, "तुम्हारी बेटी है?"

"बेटी भी है, बेटा भी है। मेरी अकेली सन्तान।" कम्मल ने उत्तर दिया।

"इसका विवाह हो गया है?" गुणवती ने फिर पूछा।

"नहीं महारानीजी। यह विवाह करती ही नहीं, मैंने कहा न कि यह मेरी बेटी भी है और बेटा भी है। इसका तीर का निशाना अचूक है। भीलों में इतना निशाना लेनेवाला कोई नहीं है। भील मर्द इससे थर-थर काँपते हैं। तो इससे विवाह करे तो कौन करे? किसकी शामत आई है?" और कम्मल हँस पड़ा।

राजमाता गुणवती ने बड़े स्नेह से अँचली के सिर पर हाथ फेरते हुए कहा, "दिन कैसे काटेगी बिना विवाह किये हुए यह?"

"जैसे अभी काट रही हूँ! शिकार करना, बापू की गैरहाजिरी में कबीलों के झगड़े निपटाना, और देवता महाराज की सेवा करना। रात के समय नाचना-गाना और फिर चैन की नींद सोना।" अँचली ने बड़े भोलेपन के साथ मुस्कराते हुए कहा।

राजमाता ने कम्मल और अँचली तथा उनके दल के लोगों के अलग-अलग स्थानों में ठहरने की व्यवस्था करते हुए अँचली से कहा, "जल्दी से तुम स्नान करके पूजा-मण्डप में आ जाओ। कालीजी की आरती तुम्हीं उतारोगी।" और उन्होंने एक सेविका द्वारा अँचली के लिए एक रेशमी परिधान की व्यवस्था करा दी।

एक घंटे के अन्दर ही अँचली स्नान करके तथा रेशमी परिधान पहनकर अपने साथ आए हुए दो वाद्ययंत्रवाले भीलों के साथ पूजा-मण्डप में पहुँच गई। उस समय तक काली की मूर्ति की स्थापना होने के बाद मूर्ति के पूजन का प्रबन्ध हो गया था। चित्तौड़ में उपस्थित समस्त सामन्तगण, श्रेष्ठीगण एवं राजकर्मचारियों के साथ जनता का एक बड़ा दल सभामण्डप में एकत्रित हो चुका था। एक ऊँचे आसन पर रणमल की गोद में राणा मुकुलजी बैठे थे। उनकी बगल में उनका पौत्र सिंहा भी

अपने बाबा से चिपका हुआ बैठा था। काली का विधिवत पूजन किया रत्नू पंडित ने। और फिर काली की आरती का कार्यक्रम आरम्भ हुआ। आरती का थाल हाथ में लेकर अँचली ने अपना नृत्य आरम्भ किया। इतना सुन्दर नृत्य वहाँ उपस्थित किसी भी व्यक्ति ने नहीं देखा था—रौद्र और वीररस का अद्‌भुत सम्मिश्रण! प्राय: एक घंटे तक यह नृत्य चलता रहा।

आरती के बाद काली की पूजा का कार्यक्रम समाप्त हुआ, और सभामण्डप की वह भीड़ प्रसाद पाकर विसर्जित हुई। राव रणमल ने गुणवती से पूछा, "यह भीलनी जिसने आरती उतारी थी, इसे मैंने प्रथम बार देखा है। कौन इसे ढूँढ़कर लाया है? इसे तो चित्तौड़ के राजभवन की शोभा-श्री की तौर पर यहाँ रहना चाहिए!"

गुणवती ने कहा, "यह रान्ध्रा के सामन्त कम्मल की पुत्री है। कुँवर चूण्डा ने दशहरे के दरबार में राणाजी के लिए अपने सामन्त कम्मल के हाथ भेंट भेजी है। कम्मल के साथ उसकी बेटी अँचली भी आई है।"

आश्चर्य के साथ रणमल बोले, "मुझे तो खबर मिली है कि चूण्डाजी ने रान्ध्रा में अपने स्वतंत्र राज्य की स्थापना की है। उनहोंने यह भेंट कैसे भेजी है, भेंट तो मेवाड़ के सामन्त और इलाकेदार की आती है!"

गुणवती बोली, "कुँवरजी तो आए नहीं, न उन्होंने पहले कभी कोई समाचार भेजा, नहीं तो मैं उनसे पूछती। राणाजी के लिए भेंट के साथ उन्होंने एक छोटा-सा पत्र भेजा है कि रान्ध्रा मेवाड़ का इलाका रहेगा। स्वर्गीय राणाजी की इच्छा के अनुसार उन्होंने मेवाड़ के अन्तर्गत अपना इलाका स्वयं जीत लिया है। रान्ध्रा की स्थापना स्वतंत्र राज्य के रूप में नहीं हो रही है।"

रणमल हँस पड़े, "दक्षिण में मेवाड़, उत्तर में मेवाड़! स्वतंत्र राज्य की स्थापना दाँतों तले लोहे के चने चबाना है। मेवाड़ राज्य का सपना अब भी शायद उनकी आँखों में तैर रहा है। लेकिन सुस्पष्ट रूप से कुछ भी नहीं कहा जा सकता।" फिर हँसते हुए उन्होंने अपनी बात पूरी की, "राणा मुकुलजी का हित उनके नाना रणमल के हाथ में है।" और राव रणमल के मस्तक पर की चिन्ता की रेखा उनकी कृत्रिम मुस्कान में दब गई।

राजमाता गुणवती ने अपने पुत्र राणा मुकुलजी के शानदार दरबार की जो कल्पना की थी, वह झूठी निकली। राणा मुकुलजी का दरबार बड़े साधारण ढंग से हुआ। कहीं किसी तरह का कोई उत्सव नहीं था। न ही कहीं किसी तरह की उमंग

थी। सब कुछ यंत्रचालित ढंग से हो रहा था। भावना का जैसे कहीं कोई स्थान नहीं था। दरबार के बाद जब रात के समय गुणवती सोने के लिए लेटी, उसका मन बुझा हुआ था। बेहद थकी हुई थी। उसे यह अनुभव हो रहा था कि मेवाड़ का शासन-सूत्र उसके हाथों से निकल गया है। वह अब उसके पिता राव रणमल के हाथ में आ गया है। एक अजीब तरह की दुश्चिन्ता उसके मन में व्याप्त हो गई थी, जिसका रूप उसकी पहचान में नहीं आ रहा था। और तभी आशा की किरण के रूप में अँचली की मूर्ति उसकी आँखों में उभर आई। काली की साक्षात् प्रतिमा प्रकट हुई थी मेवाड़ में। राणा मुकुलजी और राजमाता की रक्षा काली भवानी स्वयं करेगी—और उसके दुःस्वप्न दूर होते गए, दूर होते गए।

विजयादशमी के दूसरे दिन ही मेवाड़ के अन्य भागों से आए हुए सामन्तों ने चित्तौड़ से जाना प्रारम्भ कर दिया। कम्मल की विदाई के पहले राजमाता गुणवती ने अँचली को बुला भेजा। राजमाता गुणवती को चूण्डा के प्रति अँचली की भावना का कुछ आभास हो गया था। अनायास ही उनके मन में अँचली के प्रति ईर्ष्यामिश्रित ममता की भावना जाग उठी। गुणवती ने अँचली को रेशमी वस्त्र तथा आभूषण दिये तथा उसके सिर पर हाथ रखकर अपना आशीर्वाद दिया। फिर बड़े धीमे स्वर में उन्होंने अँचली से कहा, "कुँवरजी देवता हैं, यह तेरा सौभाग्य है कि तुझे उनकी सेवा करने का अवसर मिला है। प्राणपण से उनकी सेवा करना, उन पर कोई विपत्ति न आने पाए।" यह कहते-कहते राजमाता गुणवती का गला भर आया और उनकी आँखों में आँसू आ गए।

चौदहवाँ परिच्छेद

चूण्डा नित्य की भाँति रान्ध्रा के पूर्वोत्तरवाले क्षेत्रों का दौरा करके लौट रहे थे, अपने विचारों में खोए हुए-से। रान्ध्रा को एक सशक्त और सुसम्पन्न क्षेत्र बनाने की योजना का जो चित्र अपने मानस-पटल पर उन्होंने बनाया था वह धुँधला पड़ता जा रहा था। उन्हें यह अनुभव हो रहा था कि एक दुःसाध्य कार्यक्रम उन्होंने उठा लिया है, विशेष रूप से धर्म-निष्ठा और स्वाभिमान की दृष्टि से। मेवाड़ के अनेक शक्तिशाली सामन्तों और धनी श्रेष्ठियों ने चूण्डा को पूरी सहायता देने की इच्छा जताई थी, लेकिन मेवाड़ के शासन एवं राणा मुकुलजी के हितों के विपरीत होने के कारण वह सहायता उन्होंने नहीं ली। चूण्डाजी जो कुछ त्याग सकते थे वह अपनी इच्छा से, जो कुछ प्राप्त कर सकते थे वह अपने बाहुबल से।

उनके मानस-पटल पर समस्त रान्ध्रा के इलाके का एक मानचित्र था—कहाँ खेती हो सकती है, कहाँ बस्तियाँ बस सकती हैं, कहाँ से एक भाग से दूसरे भाग को जोड़नेवाली सड़कें बन सकती हैं। चार घंटे से लगातार घोड़े की पीठ पर सवार रहने के कारण वह कुछ क्लान्त-से हो गए थे, तन से उतना नहीं जितना मन से। प्रायः एक सप्ताह पहले सामन्त कम्मल और अँचली चित्तौड़ से लौटे थे। उनसे चित्तौड़ की राजनीतिक स्थिति का जो आभास उन्हें मिला, उससे वह चिन्तित थे। एकाध बार उनके मन में आया भी कि वहाँ जाकर वह स्वयं वस्तुस्थिति का पता लगाएँ, लेकिन जब तक गुणवती उन्हें स्वयं चित्तौड़ न बुलाएँ तब तक वहाँ न

जाने का उन्होंने संकल्प जो कर लिया था! वह संकल्प न टूटने पाए, यही भावना उन्हें रोक रही थी।

एक ओर विरक्ति की सीमा तक पहुँचनेवाली उनकी नि:स्पृहता, दूसरी ओर आत्मविश्वास एवं संकल्प से भरा उनका हठ। और इन दोनों के बीच झूलता हुआ अपने छोटे भाई राणा मुकुलजी के प्रति उनका दायित्व।

एकाएक चूण्डा चौंक उठे। चार सशस्त्र सैनिक उनके सामने खड़े थे। ये लोग चूण्डा के सैनिक तो नहीं थे, क्योंकि अपने हरेक सरदार और सैनिक को वह पहचानते थे। उन्होंने अपना घोड़ा रोकते हुए प्रश्न किया, "तुम लोग कौन हो और कहाँ से आए हो?"

मगर उनके प्रश्न के उत्तर में उन चारों के भाले तन गए। जो सैनिक सबसे आगे था उसने भाले से चूण्डा पर वार किया।

चूण्डा भले ही असावधान रहे हों, उनके अश्व ने तेजी के साथ कतराकर उस प्रहार को बचा लिया। चूण्डा की तलवार निकल पड़ी। उन्होंने घोड़े से कूदकर उस सैनिक पर तलवार से प्रहार किया और तुरन्त ही उसका सिर कटकर भूमि पर लोटने लगा। तभी उन्हें अनुभव हुआ कि उन्हें तीन शत्रुओं का मुकाबला करना है जो पूर्ण से सशस्त्र हैं—तलवार, भाले और ढाल से सुसज्जित, और उनके पास केवल एक तलवार थी।

उन तीनों ने भी अपनी-अपनी तलवारें निकाल ली थीं। दूसरे सैनिक की तलवार उनकी बाईं भुजा को छूती हुई निकल गई, लेकिन उनकी तलवार से उस सैनिक की भुजा तलवार-सहित कटकर गिर गई। इसी समय उन्हें अपने पीछे एक चीख सुनाई दी और चौथा सैनिक तेजी के साथ भागता हुआ नजर आया। उन्होंने मुड़कर पीछे देखा, उनके ठीक पीछे तीसरा सैनिक जमीन पर पड़ा था और उसकी छाती में एक तीर घुसा हुआ था। वह तड़पते हुए दम तोड़ रहा है।

यह तीर कहाँ से आया? यह जानने के लिए चूण्डा ने अपने चारों ओर देखा, लेकिन कहीं कोई नज़र नहीं आया। उनका ध्यान उस सैनिक से हट गया था जिसकी भुजा कटकर गिर गई थी। पीछेवाले सैनिक का तड़पना वह देख ही रहे थे कि उन्हें एक तीर की सनसनाहट सुनाई दी और साथ ही एक चीख की आवाज़ भी। उन्होंने मुड़कर देखा—वह हथकटा सैनिक जमीन पर लोट रहा था, एक तीर उसके पेट में धँसा हुआ था। चूण्डा ने फिर अपनी नज़र चारों ओर घुमाई और उन्होंने देखा

कि बाईं ओरवाले घने जंगल से हरिणी की भाँति चौकड़ी भरती हुई एक युवती उनकी ओर चली आ रही है। उन्होंने तत्काल उस युवती को पहचान लिया, वह अँचली थी। उस अंचल में और उस बेला में अँचली को देखकर उन्हें आश्चर्य हुआ। वह अंचल रान्ध्रा से प्रायः सात कोस की दूरी पर था, और उस समय सूर्य मस्तक पर आ चुका था।

चूण्डाजी चिल्ला पड़े, "तुम अँचली—तुम! इस बेला में और रान्ध्रा से इतनी दूर, नितान्त अकेली!"

अँचली अब तक चूण्डाजी के निकट आ गई थी। भूमि पर अपना मस्तक नवाते हुए अँचली बोली, "हाँ महाराज! महाराज पर विपत्ति आई, और महाराज की छाया यह अँचली प्रकट हो गई।" अँचली के मुख पर आत्मसन्तोष का उल्लास था।

अँचली की कविता चूण्डाजी की समझ में नहीं आई, "मैं समझा नहीं।"

अँचली की हँसी की झंकार अब चूण्डा के कानों में गूँज उठी। उसने कहा, "महाराज ने अपनी अनुचरी के रूप में मुझे अपने साथ रहने से मना कर दिया था, तो मैं महाराज की छाया बन गई। इस रान्ध्रा में महाराज जहाँ भी जाते हैं, अँचली उनकी परछाईं बनकर उनके साथ लगी रहती है।"

चूण्डाजी को जैसे अपने कानों पर विश्वास नहीं हो रहा था, "तुम क्या रोज मुझसे छिपे-छिपे पैदल ही मेरे साथ कोसों की यात्रा करती हो?"

"हाँ महाराज! हम खुले जंगलों में रहनेवाले भील—हमें शिकार का पीछा करते हुए कोसों दौड़ना पड़ता है, तो फिर दूरी का सवाल ही क्यों आए हमारे सामने? मैं तेज-से-तेज हिरन का भी पीछा कुछ दूर तक कर सकती हूँ। मैं तो महाराज के अनजान में महाराज की छाया बन गई हूँ—इसमें कोई भूल हो गई हो या अपराध हुआ हो तो महाराज, क्षमा कर दें मुझे।"

नियति के इस विधान पर दंग रह गए चूण्डाजी। अँचली की भक्ति और अपने प्रति उसकी अनुरक्ति का यह रूप देखकर उनका मस्तक झुक गया। उन्होंने मन-ही-मन भगवान को धन्यवाद दिया, और फिर अँचली पर अपनी दृष्टि जमा दी, "भगवान के वरदान के रूप में तुम मेरे जीवन में आई हो!" फिर उन दोनों सैनिकों की ओर संकेत करते हुए, जो भूमि पर पड़े अन्तिम साँस ले रहे थे, कहा, "अँचली, तुमने मेरे प्राणों की रक्षा की है।"

अँचली ने अपना मस्तक नवा दिया, भावना के आवेग से तनिक काँपते हुए

और अत्यन्त कोमल स्वर में वह बोली, "महाराज के प्राणों की नहीं, मैंने तो अपने प्राणों की रक्षा की है—मैं इतना ही जानती हूँ।"

चूण्डा चक्कर में पड़ गए, "अपने प्राणों की कैसे, तुम्हारे ऊपर तो कोई प्रहार हुआ ही नहीं था?"

और अँचली जैसे कविता की साकार प्रतिमा बन गई हो, "महाराज, मनुष्य का प्राण तो उसके देवता में बसता है। महाराज मेरे देवता हैं, और महाराज में ही इस अँचली के प्राण बसते हैं।"

चूण्डा के प्रति अपने निष्कलंक और पावन प्रेम की इस स्वीकारोक्ति के क्रम में अँचली के स्वर में न किसी तरह की हिचकिचाहट थी, न किसी तरह का दुराव-छिपाव था, न किसी तरह की लाज। जैसे हिमाच्छादित पर्वतों के किसी झरने की धारा की निर्मल धवलता और नैसर्गिक संगीत हो उसमें। एक तरह की ऐसी पुलकन जो उन्होंने पहले कभी अनुभव न की थी।

एकाएक चूण्डा मन-ही-मन काँप उठे। उनके सामने खड़ी थी एक ताम्र-वर्णी कलाप्रतिमा, साँचे में ढली हुई-सी—यौवन जिसके अंगों से फूटा पड़ रहा था। समस्त समर्पण भावना के उस साकार रूप को अपने सामने देखकर वह मानो अपने-आपसे ही घबराकर झट घोड़े पर सवार हो गए। अपने को जबर्दस्ती नियंत्रित करते हुए वह बोले, "तुम साकार वनदेवी हो! मेरे न जाने किस पुण्य के फलस्वरूप तुम प्रकट हुई हो—एक ऐसे पुरुष के आगे जिसका अन्तर कलुष से भरा है। नहीं, तुम अदृश्य ही रहो—अदृश्य ही रहो!" और चूण्डा ने अपने घोड़े को रान्ध्रा की ओर दौड़ा दिया।

अँचली अपलक नयनों से चूण्डाजी को जाते देखती रही। जब वह उसकी दृष्टि से ओझल हो गए, तो उसने उन दोनों मृतप्राय सैनिकों के बदन से अपने तीर निकाले और सूखे पत्तों से उन पर लगे हुए लहू को साफ किया। फिर थिरकती हुई वह दक्षिणवाले जंगलों में विलीन हो गई।

रान्ध्रा के अपने भवन में पहुँचकर चूण्डा ने अपने दो विश्वस्त सरदारों और आठ सैनिकों को बुला भेजा। घोड़ों पर सवार उन लोगों के साथ वह फिर उसी स्थल की ओर रवाना हुए जहाँ उन पर प्रहार हुआ था। तीनों सैनिक वहाँ मरे पड़े थे और आकाश पर गिद्ध मँडराने लगे थे। इन लोगों ने उन शवों का निरीक्षण किया। एक सरदार ने कहा, "अन्नदाता, ये तो राठौर सैनिक दिखते हैं।" दूसरे सरदार ने

कहा, "अन्नदाता, जिसका सिर भूमि पर कटा पड़ा है, उसे मैं पहचानता हूँ। वह राव रणमल का अंगरक्षक था।"

चूण्डा ने अपना सिर हिलाया, "हूँ! तो रणमल ने मेरी हत्या कराने का प्रयत्न किया है? स्थिति इतनी बिगड़ गई है, इसका मुझे अनुमान नहीं था। लगता है, चित्तौड़ में जल्दी ही कोई भयानक अनिष्ट होनेवाला है।"

एक सैनिक ने हाथ जोड़कर कहा, "महाराज! गिद्धों के झुण्ड एकत्रित हो रहे हैं, इन शवों का क्या होगा?"

शान्त भाव से चूण्डा बोले, "हमें अपने धर्म का निर्वाह करना चाहिए। झाड़-झंखाड़ तथा जंगल की लकड़ियों का ढेर लगाकर अग्नि प्रज्वलित की जाए और उसमें इन शवों का दाह कर दिया जाए।"

दाह-संस्कार के पहले उन शवों की तलाशी ली गई। काम की कोई चीज़ नहीं निकली उनके पास। चूण्डा के सैनिकों ने पगडंडी से कुछ दूरी पर झाड़-झंखाड़ तथा लकड़ियों की चिता जलाकर तीनों शवों को उसमें डाल दिया।

चूण्डा जब रान्ध्रा वापस लौटे, सूर्यास्त हो रहा था। अजीब तरह की उदासी भर गई थी उनके अन्दर। चित्तौड़ में क्या हो रहा था, इसका कुछ-कुछ आभास तो कुछ दिन पहले अँचली और कम्मल की बातों से हो गया था, लेकिन उन सबमें चूण्डा तो आते नहीं थे। फिर चूण्डा पर यह प्रहार क्यों हुआ? अगर अँचली उस अवसर पर उनकी सहायता के लिए न आ गई होती तो वह शायद जीवित नहीं लौटते। और अँचली उनके जीवन में क्यों वरदान के रूप में आ गई? चूण्डा के पास इन प्रश्नों का कोई उत्तर न था।

रान्ध्रा लौटकर चूण्डा ने स्नान-पूजन करके भोजन किया और थके हुए-से वह अपनी शैय्या पर लेट गए। लेकिन उन्हें नींद नहीं आ रही थी। उनके सामने प्रश्न था—क्या उन्हें स्वयं चित्तौड़ जाकर स्थिति का निरीक्षण करना चाहिए?

पिता राणा लाखा ने गया के अभियान के समय चूण्डाजी पर विश्वास करके राणा मुकुलजी के अभिभावक होने का भार सौंपा था। सद्भावना और आस्था के साथ वह अपना दायित्व निभा रहे थे। चूण्डाजी को राव रणमल की नीयत पर विश्वास नहीं था—रणमल ऊपर से अत्यन्त मधुरभाषी दिखता था, लेकिन उसके अन्तर में कुटिलता भरी हुई थी। सौम्य-से चेहरे के पीछे एक अत्यन्त कुरूप व्यक्तित्व—चूण्डा ने रणमल को देखते ही जान लिया था। कठिनाई केवल यह थी

कि राव रणमल की चालों का तो वह मुकाबला कर सकते थे, लेकिन राजमाता गुणवती के आगे बिलकुल विवश थे।

बालक के अभिभावक का पद उसके पिता के बाद उसकी माता को ही मिल सकता है, शायद पिता की ममता से भी अधिक माता की ममता होती है। लेकिन नीतिशास्त्र की व्यवस्था से अधिक प्रबल धर्म की व्यवस्था है इसलिए धर्म पर सम्पूर्ण आस्था रखनेवाले चूण्डाजी के लिए धर्म का ही स्थान नीति से ऊँचा था। धर्म वस्तुत: वैयक्तिक संज्ञा है, नीति सामाजिक संज्ञा है।

राजमाता ने उन पर अविश्वास किया था, यह बात चूण्डा के मन में तीर की भाँति चुभ गई थी। चित्तौड़ छोड़ते समय उन्होंने मन-ही-मन संकल्प कर लिया था कि जब तक राजमाता स्वयं उन्हें चित्तौड़ नहीं बुलाएँगी तब तक वह चित्तौड़ न जाएँगे। यह संकल्प भी सचमुच हठ का ही तो दूसरा रूप है! चूण्डा ने आकाश की ओर अपने दोनों हाथ जोड़ दिये, "प्रभो, तुम्हारा जो विधान है वही होगा। मुझे तो अपने धर्म का पालन करना है, फलाफल तुम्हारे हाथ में है।" और तब चूण्डा ने असीम शान्ति अनुभव की।

दूसरे दिन जब चूण्डा स्नान-पूजन करके अपने भवन के बाहर निकले, अँचली नित्य की भाँति बाहर भूमि पर बैठी उनके दर्शनों की प्रतीक्षा कर रही थी। चूण्डा को देखते ही उसने नित्य की भाँति भूमि पर अपना मस्तक नवाकर कहा, "महाराज, कोई हुकुम है?"

अँचली को देखते ही चूण्डा के मन में एक प्रकार की ममता का पुलक जाग पड़ा। उन्होंने मुस्कराते हुए कहा, "मेरा हुकुम—मेरा हुकुम यह है कि मेरे जाने बिना मेरी छाया बनकर मेरा पीछा करना तुम छोड़ दो।"

"कौन-सा अपराध हो गया है मुझसे, जो इतना बड़ा दंड दे रहे हो महाराज?" अँचली की आँखें सजल हो गईं।

अँचली के इस उत्तर से चूण्डा विचलित हो उठे, "दंड नहीं दे रहा हूँ, तुम्हें मैं खतरे में नहीं डालना चाहता।"

"महाराज के रहते मुझे कोई खतरा नहीं है।" अँचली बोली, "महाराज की सेवा करना तो मेरा सबसे बड़ा पुण्य है।"

चूण्डा को जैसे अपने ही कानों पर विश्वास नहीं हो रहा था। वह बोले, "अँचली, मुझे लगता है कि चित्तौड़ में बहुत-कुछ अप्रिय होनेवाला है। मैं वहाँ से

संकल्प करके आया हूँ कि जब तक राजमाता मुझे नहीं बुलाएँगी तब तक मैं स्वयं चित्तौड़ नहीं जाऊँगा। तुम अगर अपने कुछ साथियों को लेकर नाचने-गानेवालों के रूप में चित्तौड़ चली जाओ और वहाँ कुछ दिन रहने के बाद चित्तौड़ की वस्तुस्थिति का पता लगाकर मुझे सूचना दो तो वह मेरी सबसे बड़ी सेवा होगी। तुम्हारी सहायता करने के लिए मैं छद्मवेश में बीस सैनिकों को तुम्हारे आगे-पीछे भेज दूँगा। मैं उन्हें आदेश दूँगा कि तुम जो कुछ कहो उसका वे राज्याज्ञा के तौर पर पालन करें।"

अँचली बोली, "महाराज! मैं निर्बुद्धि नारी! यह सब मैं कैसे कर सकूँगी?"

"तुम सबकुछ कर सकोगी—तुम तो साक्षात् भवानी हो!" चूण्डाजी मुस्कराए, और फिर विनोद के स्वर में बोले, "लेकिन तुम्हें नित्य प्रातः-सायं मेरे दर्शनों का अवसर नहीं मिलेगा।"

अँचली भी हँस पड़ी, "देवता की मूरत तो मेरे हृदय में है! अपने देवता के दर्शन करने से मुझे रोक कौन सकता है?" और फिर कुछ गम्भीर होकर बोली, "तो मुझे कब जाना होगा महाराज?"

कुछ सोचकर और मन-ही-मन हिसाब लगाकर चूण्डा बोले, "आज द्वादशी है। कल प्रातःकाल तुम लोग यहाँ से प्रस्थान कर दो तो चतुर्दशी के दिन संध्या के पहले ही चित्तौड़ पहुँचे जाओगे। मैं अभी अपने बीस सैनिकों को आदेश दिये देता हूँ—कुछ आज चल देंगे, कुछ कल तुम्हारे जाने के बाद चलेंगे। तो अब तुम घर जाकर यात्रा की तैयारी करना आरम्भ कर दो!"

अँचली ने भूमि पर अपना मस्तक नवा दिया, "महाराज के हुकुम का मैं पालन करूँगी।" और वह अपने घर को लौट पड़ी। चलते-चलते अँचली ने यह अनुभव किया कि एक अनजाने विषाद की छाया कहीं अदृश्य से निकलकर उसके हृदय के अन्दर सिमटने लगी है। फिर भी वह सन्तुष्ट थी, प्रसन्न थी।

चूण्डा ने एकाएक जो निर्णय ले लिया था उस पर उन्हें स्वयं ही आश्चर्य हो रहा था। अँचली के जाने के बाद उनके मन में आया कि वह अँचली को चित्तौड़ जाने से रोक दें, लेकिन निर्णय लिया जा चुका था। उस दिन उन्होंने रान्ध्रा के सुदूर क्षेत्रों में दौरा करने का कार्यक्रम स्थगित कर दिया। उन्होंने अहेरियों के सरदार झँवर को बुला भेजा। झँवर के आते ही उन्होंने पूछा, "झँवर, चित्तौड़ के कुछ समाचार मिले हैं क्या?"

हाथ जोड़कर झँवर ने उत्तर दिया, "चित्तौड़ से तो अपना सम्बन्ध ही कट गया है सरकार! अपने परिवार को मैंने यहाँ बुला लिया है। लेकिन अभी कुछ अहेरियों के परिवार वहीं हैं, यहाँ निवास की व्यवस्था हो जाए तो वे परिवार भी यहाँ आ जाएँगे। आजकल यहाँ-वहाँ से जो समाचार मिलते हैं वे शुभ तो नहीं हैं। गढ़ की रक्षा के लिए जैसलमेर के भट्टी बुला लिए गए हैं, वे राव रणमल को अपना स्वामी मानते हैं।"

"और सुना है कि गढ़ के फाटक पर कड़ी छानबीन होती है, बाहर से चित्तौड़ में प्रवेश करना कठिन हो गया है? मुझे लगता है कि हमें चित्तौड़ के अन्दर प्रविष्ट होकर राठौरों से युद्ध करना होगा, तभी चित्तौड़ मुक्त होगा।"

कुछ सोचते हुए झँवर ने कहा, "महाराज जैसी आज्ञा दें।"

"तुम बीस अहेरियों को साथ लेकर चित्तौड़ चले जाओ—कुछ अहेरियों के परिवार तो अभी वहाँ हैं ही। बहाना होगा, कि परिवारवालों के साथ दीपावली पर्व मनाने आए हैं! अँचली भीलों के नृत्य-संगीत के दल को लेकर कल जा रही है। तुम अहेरिये लोग चित्तौड़गढ़ के फाटक के भेदों को जानते हो। तो, मेरे आदेशों की एक मास तक प्रतीक्षा करना। जहाँ तक शस्त्रों की व्यवस्था का प्रश्न है..."

झँवर ने बात पूरी कर दी, "उसकी चिन्ता न करें महाराज—वह चित्तौड़ पहुँचकर हम स्वयं कर लेंगे।"

पन्द्रहवाँ परिच्छेद

बड़े मीठे ढंग की कैद, जिसे राजमाता गुणवती अनुभव भी करती थीं और नहीं भी अनुभव करती थीं। मेवाड़ की समस्त राज्य-सत्ता अब पूरी तौर से राव रणमल के हाथ में आ गई थी। घोर लम्पट और चरित्रहीन, क्रूर और स्वार्थी—इन विकृतियों से युक्त होते हुए भी जहाँ तक प्रशासन का प्रश्न है, रणमल में अद्वितीय सूझ-बूझ थी। अत्यन्त मधुरभाषी, हरेक आदमी को अपनी वाक्चातुर्य से वश में कर लेने में निपुण राव रणमल ने मेवाड़ और चित्तौड़ नगर को जैसे अपने वश में कर लिया था। वैसे मेवाड़ के राणा तो मुकुलजी थे और राजसिंहासन पर बैठते भी वही थे, लेकिन रणमल की गोद में। रणमल अपने साथ अपने पौत्र सिंहाजी को भी राजसिंहासन पर बैठा लेते थे, गुणवती को इसमें कोई आपत्ति नहीं थी।

दीपावली का पर्व निकट आ रहा था। एक दिन कैलवाड़ा से रघुदेव चित्तौड़ आए, राजमाता गुणवती और राणा मुकुलजी का हाल-समाचार लेने के लिए। दीपावली के दो दिन पहले, यानी धन-त्रयोदशी के दिन रघुदेव के पुत्र राजदेव का अन्नप्राशन-संस्कार था इसलिए उसने विनय के साथ त्रयोदशी के दिन राजमाता गुणवती और राणा मुकुलजी को उस उत्सव में भाग लेने के लिए आमंत्रित किया, "राजमाता सरकार, यदि राणा मुकुलजी के साथ राजमाता भी उस उत्सव को पवित्र करें तो मैं अपने को बड़ा भाग्यशाली मानूँगा।"

राजमाता ने धन-त्रयोदशी के दिन कैलवाड़ा चलने की अनुमति दे दी। यह

निश्चित हुआ कि त्रयोदशी के दिन प्रांत:काल ब्रह्म मुहूर्त में राजमाता के साथ राणा मुकुलजी कैलवाड़ा के लिए प्रस्थान करेंगे और अन्नप्राशन के बाद ही दोपहर के समय कैलवाड़ा से लौट पड़ेंगे, जिससे सूर्यास्त के समय वे चित्तौड़ वापस आ जाएँ। रघुदेव के जाते ही गुणवती ने कैलवाड़ा की यात्रा की तैयारी का आदेश दे दिया।

राणा मुकुलजी के साथ अपने कैलवाड़ा जाने की खबर गुणवती ने राव रणमल के पास भिजवा दी। संध्या के समय राव रणमल गुणवती से मिले, उन्होंने कहा, "मुझे तो राणाजी का रघुदेव के यहाँ जाना उचित नहीं लगता।"

आश्चर्य से गुणवती ने अपने पिता को देखा, "क्यों, रघुदेव तो राणाजी के भाई हैं। हमें अपने वंशजों से मिलकर ही रहना होगा।"

"नहीं, ऐसी बात नहीं है।" रणमल बोले, "बात यह है कि राणाजी अभी शिशु हैं, चित्तौड़गढ़ से बाहर जाना उनके लिए उचित नहीं होगा।"

गुणवती ने दृढ़तापूर्वक उत्तर दिया, "राणाजी मेवाड़ के शासक हैं—अपने राज्य में वह कहीं भी जाने को स्वतंत्र हैं।"

गुणवती के स्वर में जो दृढ़ता थी वह विरोध और संघर्ष का एक रूप धारण कर सकती है—रणमल जैसा अनुभवी व्यक्ति यह जानता था। उसने कुछ नरम होकर कहा, "नहीं-नहीं, मेरा आशय यह नहीं था। दरअसल बात यह है कि इन दिनों चित्तौड़ से बाहरवाले क्षेत्रों की व्यवस्था कुछ शिथिल-सी पड़ गई है। चित्तौड़गढ़ की सुरक्षा का पूरा-पूरा प्रबन्ध तो मैंने कर लिया है, लेकिन मेवाड़ के सिसौदिया सैनिक चूण्डा के साथ रहने के लिए निरन्तर रान्ध्रा की ओर जा रहे हैं। ऐसी स्थिति में मेवाड़ के बाहरी क्षेत्रों की व्यवस्था करने में मुझे समय लगेगा।"

गुणवती ने उसी अधिकार और दृढ़ता के साथ उत्तर दिया, "मैं कैलवाड़ा में रघुदेव से इस विषय पर परामर्श करूँगी। राणा मुकुलजी मेवाड़ के शासक हैं, सिसौदिया वंश के सिरमौर! अपने ही राज्य की राजधानी चित्तौड़ में बन्दी की भाँति रहना उन्हें शोभा नहीं देगा।"

रणमल उठ खड़े हुए, "जैसी तुम्हारी मर्जी!"

अपने कक्ष में पहुँचकर रणमल ने बीजा को बुलाया, "बीजा, रान्ध्रा से कोई समाचार मिला?"

"रतना और उसके दो साथियों को चूण्डाजी के सहायकों ने मार दिया, गनेसा

बचकर भाग आया है। हाँ, चूण्डाजी को यह आभास नहीं हो पाया कि उन पर प्रहार करनेवाले कौन थे।"

चिन्ता के भाव से रणमल बोले, "आभास तो हो जाएगा, आज नहीं तो कल! कल नहीं तो परसों!" फिर कुछ सोचकर उन्होंने कहा, "इसके पहले कि दुश्मन सावधान हो, उसका विनाश करना आवश्यक है—मेरा तो यही मत है।"

बीजा बोला, "मैं समझा नहीं। मुझे तो आपका कोई दुश्मन नहीं दिखाई देता। मेवाड़ की सारी प्रजा, सभी सामन्त और सरदार आपसे सन्तुष्ट हैं।"

"जो मातहत हैं उन्हें सन्तुष्ट होना ही है।" रणमल ने कहा, "ये सब सैनिक और राजकर्मचारी सत्ता के गुलाम होते हैं। असली दुश्मन तो वह है जो बाहर है या वह जो परम्परा के अनुसार मेवाड़ का स्वामी है, लेकिन अभी असहाय और अबोध है। दोनों ही सही-सलामत हैं। मुकुलजी और उसके भाई चूण्डा। तीसरा दुश्मन भी है—रघुदेव। ये लोग राजवंश के सदस्य हैं तथा छोटा होने पर भी मुकुलजी इस राजवंश का प्रमुख है।"

बीजा स्वयं धूर्त, निर्दयी और न जाने क्या-क्या था, लेकिन रणमल की बात पर वह अन्दर-ही-अन्दर सहम गया, "तो फिर...तो फिर" और आगे वह बोल नहीं पाया।

"मेवाड़ के स्वामी राणा मुकुलजी हैं, राव रणमल नहीं है—यह समझ ले। मेवाड़ के समस्त सामन्त, सैनिक और राज्यकर्मचारी मुकुलजी के दास हैं, मेरे नहीं हैं। केवल वही सरदार और सैनिक, जो मन्दौर से मेरे साथ आए हैं और जिन पर मैं निर्भर हूँ, मेरे हैं। ये लोग अभी तक अपने को मेवाड़ का नागरिक नहीं समझ पाए हैं। लेकिन ये आखिर हैं ही कितने कि इनके सहयोग से मैं अपने को चित्तौड़ में जमा पाऊँगा? चित्तौड़ की सारी प्रजा, चाहे वह राजपुरुष हो, चाहे वह चाकर हो, चाहे वह श्रेष्ठी हो, चाहे वह दस्तकार हो, सब-के-सब राणा मुकुलजी के लिए उठ खड़े होंगे।" राव रणमल आवेश में यह सब कहे जा रहे थे और बीजा जैसे सबकुछ समझता जा रहा था।

कुछ रुककर रणमल ने फिर कहा, "मेरा वह है जो मेरा नमक खा रहा है, और मेवाड़ के निवासी तो नमक खा रहे हैं राणा मुकुलजी का।" यह कहकर रणमल चुप हो गए जैसे एक पाप-भावना मथ रही हो उनके अन्तर को।

थोड़ी देर तक वहाँ पर एक मौन छाया रहा जिसे बीजा ने तोड़ा, "तो फिर क्या किया जाए? सरकार आज्ञा करें।"

रणमल इस समय तक सुस्थिर और शान्त हो गए थे, उन्होंने कहा, "त्रयोदशी के दिन राणा मुकुलजी कैलवाड़ा जा रहे हैं रघुदेव के यहाँ, संध्या के समय वह लौट आएँगे। उनके साथ पैदल सैनिक रहेंगे और राणाजी अपनी माँ के साथ हाथी पर होंगे। तो, तुम दोपहर के समय चित्तौड़ से दो कोस की दूरी पर जो कालभैरव का मन्दिर है वहाँ पाँच-छह घुड़सवारों को तैनात कर दो। जैसे ही मुकुलजी का हाथी लौटते समय वहाँ पहुँचे, वैसे ही द्रुतगति से ये घुड़सवार राणा के पैदल सैनिकों पर आक्रमण करें। मुकुलजी के हाथी पर तुम अपने महावत मँगना को तैनात कर देना और उसे समझा देना कि क्या करना होगा। मँगना कल भैरव के मन्दिर से हाथी को पूरब के कसरा ग्राम की ओर मोड़कर दौड़ा दे। दो घुड़सवार हाथी के साथ रहेंगे—बाकी घुड़सवार कुछ देर तक राणा मुकुलजी के पैदल सैनिकों को रोके रहें।"

"राजमाता तो राणाजी के साथ हाथी पर ही रहेंगी?"

"हाँ। कसरा वहाँ से तीन कोस की दूरी पर है। वहाँ पर तुम चार साँडनी-सवारों को तैनात रखना। गुणवती को बाँधकर तुम कसरा में ही छोड़ देना और मुकुलजी को लेकर साँडनी-सवारों के साथ रातों-रात अरावली पर्वत की ओर मन्दौर की सीमा में पहुँच जाना। वहाँ किसी छोटे से गाँव में रुपये देकर किसी गरीब औरत के यहाँ मुकुलजी के पलने की व्यवस्था करा देना। भावी कार्यक्रम की रूपरेखा बाद में बना ली जाएगी।"

मौत से नित्य-प्रति खेलनेवालों के लिए ये सब बड़ी साधारण सी बातें हैं। रणमल के मुख पर अब हलकी मुस्कान आ गई थी, "मैं अपने दौहित्र के रक्त से अपने हाथ नहीं रँगना चाहता। यह व्यवस्था तो मुझे अपने ऊपर आनेवाले खतरे को दूर करने के लिए करनी पड़ रही है। वह हरामजादी मेरी लड़की ही मेरे विरुद्ध हो रही है—मेरी बातें मानने तक को वह तैयार नहीं। तो अब यही मुझे ठीक लग रहा है। मेवाड़ का स्वामी बनने के लिए मुझे मुकुलजी को अपने रास्ते से हटाना ही पड़ेगा।"

"मैं तो सरकार का सेवक हूँ। आप निश्चिन्त रहें, सबकुछ हो जाएगा।" यह कहकर बीजा वहाँ से चला गया।

त्रयोदशी के दिन ब्रह्म मुहूर्त में राजमाता गुणवती ने राणा मुकुलजी के साथ कैलवाड़ा के लिए प्रस्थान कर दिया। राजमाता और राणा मुकुलजी हाथी पर सवार थे तथा हाथी के आगे-पीछे बीस सशस्त्र पैदल सैनिक चल रहे थे।

चित्तौड़गढ़ के फाटक के बाहर निकलते ही जैसे गुणवती की चेतना में आमूल

परिवर्तन हो गया। एक लम्बे अरसे तक चित्तौड़ में बन्द रहने के बाद जैसे वह अपने अन्दर एक घुटन-सी अनुभव करने लगी थीं। उन दिनों ज्वार और बाजरा के खेत कट चुके थे या कट रहे थे, अजीब तरह के उल्लास से भरा हुआ वातावरण था। रास्ते के किसान अपना काम-काज छोड़कर अपने राणाजी के दर्शन करने के लिए उमड़ पड़े थे तथा उनकी जय-जयकार कर रहे थे। बहुत लम्बे काल के बाद अब गुणवती को अनुभव हो रहा था कि उनके पुत्र मुकुलजी गौरवशाली मेवाड़ भूमि के स्वामी हैं और वह राजमाता हैं।

कैलवाड़ा में राणा मुकुलजी और राजमाता गुणवती का जिस ममता और स्नेह के साथ स्वागत हुआ, उससे वह विभोर हो उठीं। रघुदेव के पुत्र राजदेव का अन्नप्राशन-संस्कार एक अविस्मरणीय उत्सव के रूप में सम्पन्न हुआ। मध्याह्न-भोजन के बाद ही राणा मुकुलजी की सवारी चित्तौड़ के लिए लौट पड़ी, सूर्यास्त के पहले ही चित्तौड़ पहुँच जाने का कार्यक्रम था।

चित्तौड़ से दो कोस पहले कालभैरव का मन्दिर था। जब राणाजी की सवारी वहाँ पहुँची, तो सूर्य की सवारी भी अस्ताचल के पास पहुँच चुकी थी। और उसी समय मानो अदृश्य से आठ घुड़सवार सैनिकों ने निकलकर राणा मुकुलजी के दल पर आक्रमण कर दिया। राणा मुकुलजी के साथ जो सैनिक थे उनकी तलवारें भी निकल पड़ीं। लेकिन पैदल सैनिकों और घुड़सवार सैनिकों की स्थिति में अन्तर होता है। युद्ध आरम्भ हो गया था और राजमाता गुणवती आश्चर्य के साथ सबकुछ देख रही थीं। और एकाएक उन्हें अनुभव हुआ कि जिस हाथी पर वह और राणाजी सवार हैं वह पूरब दिशा की ओर तेजी के साथ बढ़ रहा है और दो घुड़सवार सैनिक हाथी के पीछे-पीछे चले आ रहे हैं। उन्होंने चौंककर महावत से कहा, "कहाँ जा रहा है—चित्तौड़ का मार्ग तो उत्तर की ओर है?"

महावत ने कोई उत्तर नहीं दिया, जिससे राजमाता घबरा गईं। स्तब्ध और विवश-सी उन्होंने अपनी आँखें मूँद लीं।

लेकिन अदृश्य के विधान पर राव रणमल या बीजा का कोई वश नहीं था। राजमाता और राणा मुकुलजी को विदा करने के बाद ही कैलवाड़ा में रघुदेव को पता चला कि राणाजी तथा राजमाता को जो भेंटें मिली थीं वह असावधानी के कारण कैलवाड़ा में ही रह गई हैं। रघुदेव हिसाब लगाकर इस निर्णय पर पहुँचा कि अगर उन भेंटों को साथ लेकर घोड़ों से राणाजी की सवारी का पीछा किया

जाए तो चित्तौड़ से तीन-चार कोस पहले ही उन्हें सौंपा जा सकता है। इसलिए वह तत्काल अपने आठ सशस्त्र घुड़सवार अनुचरों के साथ उन भेंटों को लेकर चित्तौड़ की ओर चल पड़ा।

जिस समय ये लोग कालभैरव के मन्दिर के पास पहुँचे, उन्हें अजीब दृश्य दिखाई दिया। बीजा के छह घुड़सवारों में से दो मरे पड़े थे और शेष चार घुड़सवार राणा मुकुलजी के साथवाले सैनिकों से युद्ध कर रहे थे। आठ पैदल सैनिक भूमि पर पड़े थे जो या तो मर गए थे या बुरी तरह घायल थे। रघुदेव और उसके साथियों के आते ही वे घुड़सवार सैनिक भाग खड़े हुए। राणा मुकुलजी के साथवाले सैनिकों ने रघुदेव से समस्त घटना का विशद वर्णन करते हुए बतलाया कि राजामता का हाथी उत्तर में चित्तौड़ की ओर जाने के स्थान पर पूरब की ओर चला गया है तथा उस हाथी के साथ दो आक्रमणकारी घुड़सवार गए हैं। यह सब सुनते ही रघुदेव अपने अनुचरों के साथ बिजली की तेजी से पूर्व दिशा की ओर मुड़ गया।

बीजा और उसके साथी के निर्देशन में राजमाता और राणा मुकुलजी का हाथी तेजी से पूरब की ओर बढ़ता जा रहा था। राजमाता इस समय तक पूरी तौर से सँभल गई थीं और अपनी स्थिति को ठीक तौर से समझने का प्रयत्न कर रही थीं। हाथी के साथ जो दो घुड़सवार थे उनके मुँह ढके हुए थे, लेकिन राजमाता को लग रहा था कि उन्हें शायद कहीं देखा है। प्राय: डेढ़ कोस ही वे पहुँचे थे कि उन्हें दूर से घोड़े की टापें सुनाई पड़ीं। टापों की आवाज से राजमाता ही नहीं चौंकीं, बीजा और उसका साथी भी चौंक पड़े।

अन्धकार अब तेजी के साथ उतर रहा था, फिर भी हाथी पर सवार गुणवती ने उल्लास के स्वर में चीखकर कहा, "अरे रघुदेव!" और न जाने कहाँ का बल आ गया था उनमें कि महावत को उन्होंने ढकेलकर भूमि पर गिरा दिया। महावत के नीचे गिरते ही हाथी ने सूँड़ से उसे उठाकर अपने पैरों के नीचे दबा दिया तथा खड़ा हो गया। यह देख बीजा अपने साथी-सहित उस काली रात में बाईं ओरवाले जंगल में लोप हो गया।

बिना महावत का हाथी निर्लिप्त भाव से खड़ा था। जो अब तक महावत था वह उसके पैरों के नीचे दबा पड़ा था। रघुदेव ने पूछा, "राजमाताजी, आप और राणाजी सकुशल तो हैं?"

गुणवती की आँखें सजल हो आईं, भर्राए गले से बोली, "रघुदेव! तुम लोग

अगर न आ गए होते तो हम लोगों की क्या गति होती, कौन कह सकता है! पता नहीं कौन थे ये लोग, और हम लोगों के अपहरण में इनका क्या उद्देश्य था!"

"राजमाताजी, महावत को हाथी ने इस बुरी तरह कुचल दिया है कि वह पहचाना तक नहीं जाता, उससे पूछताछ करने का तो प्रश्न ही नहीं उठता। और इधर रात्रि के अन्धकार में आक्रमणकर्ता भी विलीन हो गए हैं। अत: चलिए, अब चित्तौड़ लौट चलें, रात काफी गहरा गई है। लेकिन चलें भी कैसे—महावत तो है ही नहीं!"

हाथी जैसे सबकुछ समझ रहा था। घूमकर वह बिना महावत के ही जिधर से आया था उसी दिशा में चल पड़ा। जब सब लोग कालभैरव के मन्दिर के पास पहुँचे, तो वहाँ पर चिन्तित खड़े पैदल सैनिकों ने हर्षध्वनि की। रघुदेव ने तुरन्त अपने साथियों के घोड़ों पर हताहतों को लदवाया और सब लोगों के साथ चित्तौड़ की ओर चल पड़ा।

राणाजी के लौटने की प्रतीक्षा में चित्तौड़गढ़ का फाटक अभी तक खुला था। सबके गढ़ में प्रवेश करते ही फाटक बन्द कर दिया गया। रघुदेव और उसके साथी फाटक पर से ही कैलवाड़ा लौट गए।

राव रणमल अपने विश्वस्त मुसाहबों के साथ बैठे थे, मदिरा के दौर-पर-दौर चल रहे थे लेकिन उस समय उस तरह के हास-विलास में राव रणमल की कोई रुचि नहीं थी। वह अधीरता के साथ बीजा के लौटने की प्रतीक्षा कर रहे थे। आधी रात के लगभग उन्हें राजमाता और राणा मुकुलजी के आने की सूचना मिली। यह भी समाचार मिला कि हाथी का महावत मारा गया है और बीस सैनिकों में से आठ हताहत हुए हैं। अपने अनुचरों के साथ फाटक पर से ही रघुदेव के कैलवाड़ा लौट जाने की सूचना जब मिली तो वह चौंक पड़े। इस बार उन्होंने बहुत बड़ा और अचूक वार किया था और यह वार भी खाली गया।

पूरे राजभवन में राणाजी तथा राजमाता के अपहरण के प्रयास की चर्चा थी। राव रणमल राजमाता गुणवती के पास पहुँचे। उन्होंने गुणवती से कहा, "लौटने में बड़ा विलम्ब हो गया। सुना है कि रास्ते में बहुत बड़ा हादसा हो गया—वह तो रघुदेव के समय से पहुँचने के कारण विपत्ति टल गई!"

गुणवती ने विस्तार के साथ उस घटना का वर्णन किया।

रणमल ने सिर हिलाते हुए कहा, "मैंने तो पहले ही सावधान कर दिया था। महावत को हाथी ने मार डाला, नहीं तो उसी से पूछताछ की जाती। मैं कल

प्रातःकाल पूर्व दिशा में अपने गुप्तचरों को भेजकर पता लगाने का प्रयत्न करूँगा कि ये लोग कौन थे, कहाँ से आए थे। लेकिन भविष्य में बहुत सावधान रहने की आवश्यकता है, मेवाड़ अभी निरापद नहीं है। वैसे रघुदेव ने बहुत बड़ा काम किया है, तुमने उसको लौट क्यों जाने दिया? मैं तो उसे सम्मानित करता। खैर, इस पर बाद में सोचूँगा, तुम दिन-भर की थकी हुई हो, अब विश्राम करो।" यह कहकर राव रणमल चले गए।

राजमाता गुणवती सचमुच दिन-भर की थकी हुई थीं। राणा मुकुलजी सो गए थे और उनकी धाय मानवती ने उन्हें सँभाल लिया था।

रणमल ने वहाँ से लौटते ही अपना दरबार विसर्जित कर दिया। वह अपने बिस्तर पर लेट गए। एक अजीब तरह की दुश्चिन्ता भर गई थी उनके अन्दर। उन्हें बेहद क्रोध आ रहा था रघुदेव पर—उनका बना-बनाया काम उसने नष्ट कर दिया था। क्रोध और उस क्रोध की बेचैनी—उन्हें नींद नहीं आ रही थी। अपने निजी सेवक को उन्होंने आदेश दिया कि जैसे ही बीजा वापस आए, उसे रणमल के शयनकक्ष में ही हाजिर किया जाए।

गुणवती के चित्तौड़ लौटने के प्राय: दो घंटे बाद बीजा भी वापस आ गया। सेवक ने उसको रणमल के शयनकक्ष में पहुँचा दिया। लाल-लाल आँखों से बीजा को देखते हुए रणमल बोले, "तू वापस आ गया, जीवित! कायर कहीं का!"

हाथ जोड़कर बीजा बोला, "महाराज, आपकी सेवा में प्राण हाजिर हैं। लेकिन मैं यदि उन लोगों से लड़कर मर जाता तो अब तक पहचान लिया गया होता। अभी तो राजमाता को पता नहीं कि उन पर प्रहार किसने किया और वह हमारी ओर से असावधान हैं। अगर उन्हें पता चल जाता कि प्रहार आपके द्वारा हुआ है तो यहाँ इस समय क्या स्थिति होती—इसका अनुमान आप स्वयं लगा सकते हैं।"

बीजा ने जो कुछ कहा वह सत्य था। रणमल ने एक ठंडी साँस ली, "तू ठीक कहता है। जब तक मेवाड़ के राजकुल का कोई भी व्यक्ति जीवित है, मैं निरापद नहीं हूँ। जाकर सो जा, कल विचार करूँगा कि अब क्या किया जाए। जो भी करना है, शीघ्रता के साथ करना है। चित्तौड़ की पूरी मोर्चाबन्दी का भार तुझ पर है, कल से ही सावधानी के साथ अपना काम आरम्भ कर दे। न जाने कब और कहाँ से हम लोगों पर प्रहार हो जाए।"

सोलहवाँ परिच्छेद

संध्या घिर रही थी और चित्तौड़गढ़ के फाटक बन्द होने का समय निकट आता जा रहा था। तभी अँचली की अध्यक्षता में भीलों के एक दल ने चित्तौड़ में प्रवेश किया। फाटक के प्रहरियों ने इस दल को बड़ी उपेक्षा के भाव से देखा। प्रहरी ने हँसते हुए कहा भी, "दीवाली मनाने आ रहे हो क्या? कहाँ से आ रहे हो? तुम लोगों को भला शहरों से क्या वास्ता?"

"पूरब से आ रहे हैं हम लोग—सुना चित्तौड़ के श्रेष्ठी बड़े ठाठ-बाट से दीवाली मनाते हैं। हम नाचने-गानेवाले लोग हैं।" अँचली के दल का एक आदमी बोला। दूसरे प्रहरी ने घूरकर अँचली को देखा, "हो तो सुन्दर! क्या तुम्हीं नाचती-गाती हो?"

अँचली ने आगे बढ़कर कहा, "हाँ, गाते तो सब लोग मिलकर हैं, लेकिन नाचती मैं ही हूँ! आज तो सेठों को नाच दिखाऊँगी, अगर राणाजी के यहाँ पहुँच हो जाए तो अच्छा इनाम मिलेगा ही।"

उस समय प्रहरी भाँग छान रहे थे, उनके प्रमुख सरदार भद्रा ने कहा, "चल-चल, राणाजी को भीलों का नाच देखने का समय है भला! जाओ, सेठों को अपना नाच दिखाओ, लेकिन अभी तो वे भी जुआ खेलने में मस्त होंगे—दो-चार दिन बाद ही उन्हें फुरसत मिलेगी।" फिर उसने अँचली को गौर से देखा और बोला, "पहले हम देखें तुम्हारा नाच, अगर अच्छा हुआ तो राणाजी से सिफारिश करेंगे...अभी नाचोगी!"

अँचली शायद यही चाहती थी, उसने अपने साथियों को संकेत किया—संगीत

आरम्भ हो गया। फाटक से अलग हटकर एक खुली जगह पर वह अपना नृत्य करने लगी।

अँचली के नृत्य में सम्मोहन था। जितने भी प्रहरी थे, सब-के-सब उसी स्थान पर एकत्रित होकर अँचली का नृत्य देखने लगे। करीब आधा घंटे तक यह नृत्य चलता रहा।

इस बीच कब और कैसे सरदार झँवर तथा उसके साथवाले पचास सिसौदिया और अहेरिया सैनिक किसानों का छद्मवेश धारण किये, आठ-आठ या दस-दस के समूहों में, गढ़ के अन्दर प्रविष्ट हो गए। इसका किसी को पता तक नहीं चल पाया।

नृत्य समाप्त होते-होते अँधेरा घिर आया था। गढ़-रक्षक भट्टी चित्तौड़गढ़ के फाटक बन्दर करने में लग गए। सरदार भद्रा ने अँचली से पूछा, "कितने दिन यहाँ रुकने का विचार है?"

"पन्द्रह दिन। कार्तिक पूर्णमासी के दूसरे दिन यहाँ से जाने का विचार है।"

भद्रा बोला, "बीच-बीच में मिल लेना। राणाजी के यहाँ सन्देश भिजवा दूँगा—अवसर मिला तो राणाजी को तेरा नृत्य भी दिखा दूँगा।" और यह कहकर उसने अँचली और भीलों के उस दल को वहाँ से नगर के अन्दर विदा किया।

नगर के मुख्य बाजार में चूण्डा के सैनिक इधर-उधर बिखरे हुए घूम रहे थे, मुख्य-मार्ग पर झँवर खड़ा था। अँचली को देखते ही झँवर उसके पास पहुँचा। उसने अँचली से कहा, "यहाँ तो समाचार शुभ नहीं है—क्या कार्यक्रम है तुम्हारा?"

"अभी तो तत्काल राजमाताजी को अपने आने की सूचना देनी है।" अँचली बोली, "तुमसे कहाँ मिलना होगा—यह बतला दो!"

"पूरबवाले बाजार में मेरे बड़े भाई सामन्त सुमेर की हवेली है, हरेक आदमी उन्हें जानता है। वहाँ मैं कल सुबह तुम्हारी प्रतीक्षा करूँगा।"

"अच्छी बात है।" अँचली बोली, और अपने साथियों के साथ वह राजभवन की ओर चल दी।

अँचली वहाँ से सीधे गुणवती के महल में पहुँची। उस समय सूर्यास्त हो रहा था और राजभवन के पट बन्द हो रहे थे। तभी अँचली ने जाकर एक दासी से कहा, "राजमाता को सूचना दे दो कि भीलनी अँचली आई है—तत्काल दर्शन करना चाहती है। राजमाता मुझे अच्छी तरह जानती हैं।"

पिछले दिन की घटना से गुणवती दिन-भर विक्षुब्ध रही थी। दिन-भर वह यही

सोचती रही कि राणा मुकुलजी का यह अनदेखा और अनजाना शत्रु कौन और कहाँ छिपा बैठा है? उसके पिता राव रणमल ने उसे सचेत कर दिया था और लगातार वह सचेत करते ही जा रहे थे। जहाँ तक चूण्डाजी का प्रश्न था, वहाँ ऐसी कल्पना ही नहीं की जा सकती थी कि ऐसा ओछा और घृणित कृत्य वह करेंगे। राणा मुकुलजी की रक्षा भी रघुदेव ने स्वयं की थी। राजमाता का पूरा दिन अजीब भ्रमित अवस्था में बीता और वह अपने अन्दर से बुरी तरह थकी और टूटी हुई अनुभव कर रही थीं। मगर सहसा अँचली के आने का समाचार पाकर वह चौंक उठीं। जैसे घने अन्धकार को चीरती हुई एक क्षीण प्रकाश की किरण उन्हें दिखाई पड़ी। अँचली को अन्दर न बुलाकर वह स्वयं रनिवास के द्वार पर पहुँच गईं। अँचली ने भूमि पर मस्तक नवाकर राजमाता का अभिनन्दन किया।

"तू यहाँ!" गुणवती बोली, "कब आई, कैसे आना हुआ?"

धीमे स्वर में अँचली ने उत्तर दिया, "अभी रान्ध्रा से सीधी आ रही हूँ। महाराज ने कल हुकुम दिया कि मैं राजमाता की सेवा में उपस्थित होऊँ—तो मैं हाजिर हुई हूँ।" फिर वह गुणवती की दासियों को देखते हुए बोली, "अभी राजमाता की हाजिरी बजा दी है, नगर में अपने ठहरने की व्यवस्था भी करनी है।"

गुणवती अँचली का संकेत समझ गई, उसने अपनी एक दासी से कहा, "यह रनिवास में ही ठहरेगी। इसके लिए मेरे कक्ष के बाईं ओर वाले चौथे कक्ष में व्यवस्था कर दो।" फिर वह अँचली से बोली, "तेरे साथ कितने आदमी हैं?"

अँचली ने उत्तर दिया, "मैं इस समय सामन्त कम्मल की पुत्री नहीं हूँ। मैं मात्र एक भील नर्तकी हूँ, अँचली हूँ। मेरे ये साथी भील अपने ठहरने की व्यवस्था स्वयं कर लेंगे।" फिर वह अपने एक साथी से बोली, "झँवरजी से कह देना कि मैं रनिवास में ठहर गई हूँ, कल प्रातःकाल उनसे मिल लूँगी।"

रात में भोजनोपरान्त गुणवती ने अँचली को बुला भेजा। अँचली आकर गुणवती के सामने भूमि पर बैठ गई।

गुणवती ने बात आरम्भ की, "चूण्डा कुशलपूर्वक तो हैं? तुझे यहाँ किसी विशेष काम से भेजा है?"

"महाराज कुशलपूर्वक हैं अभी। लेकिन चार दिन पहले उनकी हत्या करने का प्रयत्न किया गया था। चार आदमियों ने वन में उन पर हमला किया। महाराज अपने घोड़े पर अकेले जा रहे थे। वह तो मैं महाराज के अनजाने ही थोड़ी दूरी पर

उनके साथ-साथ चल रही थी, इसलिए उन लोगों को मैंने दूर से ही देख लिया था। एक को तो महाराज ने ही मार गिराया था, दूसरे को मैंने तीर से मार गिराया जिसने पीछे से वार किया था। तीसरे को भी मैंने मारा मगर चौथा उसी बीच भाग गया।"

गुणवती सिहर उठी, "पता चला कौन थे वे लोग?"

"महाराज का अनुमान है कि वे लोग या तो चित्तौड़ से आए थे या मन्दौर के थे। उसी प्रहार से महाराज बहुत सोच में पड़ गए थे। यहाँ पर राणाजी के अनिष्ट की चिन्ता उनके मन में जाग उठी, तो उन्होंने मुझे यहाँ भेजा कि अगर यहाँ कोई अनिष्ट की बात दिखे तो मैं तुरन्त उन्हें सूचना दे दूँ।"

गुणवती के आगे जो धुंध था वह जैसे अब दूर हटने लगा। लेकिन उसी धुंध के पीछे जो वास्तविकता थी उस पर वह सहज ही विश्वास नहीं कर पा रही थी। वह थोड़ी देर तक एकटक अँचली को देखती रही। उसे अनुभव हो रहा था कि वह अकेली नहीं, उसका हितैषी भी कोई है। वह धीमे स्वर में बोली, "मुझसे अनजाने ही बहुत बड़ा पाप हो गया है।" और एकाएक उसका गला रुँध गया, आँखों में आँसू आ गए। आँसू पोंछकर जब वह शान्त हुई, तो अँचली से पूछा, "कितने दिनों के लिए कुँवरजी ने तुझे भेजा है?"

"महाराज ने मुझे पचास सैनिकों के साथ आपकी सेवा में भेजा है—आप जब तक चाहेंगी तब तक के लिए।"

गुणवती ने अब राणा मुकुलजी पर हुए प्रहार की बात विस्तार से बतलाते हुए अँचली से कहा, "तू यहाँ रनिवास में ठहर, अपने साथवालों को यहाँ ठहरने के लिए कह दे। बहुत सम्भव है कि कुँवरजी की सहायता की आवश्यकता मुझे पड़े, मगर अभी निश्चित रूप से कुछ नहीं कहा जा सकता। अच्छा, अब जाकर विश्राम कर!"

दूसरे दिन दीपावली के पर्व की चहल-पहल सब ओर आरम्भ हो गई थी। सवेरा होते ही राव रणमल ने गुणवती को बुलाकर कहा, "मैं कल दिन-भर सोचता रहा कि राणा मुकुलजी पर प्रहार किस ओर से हुआ। ज्योतिषियों का कहना है कि उनके ग्रह-नक्षत्र अच्छे नहीं हैं, बहुत सतर्क रहने की आवश्यकता है। लेकिन रघुदेव ने जैसे राणाजी की रक्षा की है, उसके लिए उन्हें विशिष्ट पुरस्कार और सम्मान मिलना चाहिए। आज दीपावली का पर्व है, रघुदेव को पाँचों वस्त्र-अलंकार और राज्य की एक सनद मिलनी चाहिए। यह सब उन्हें आज ही भेज दिया जाए—लक्ष्मीपूजन के अवसर पर उन्हें यह सब मिल जाएगा। क्या मत है तुम्हारा?"

सन्तोष के साथ गुणवती बोली, "यह तो उचित ही होगा। सनद पर मैं राणाजी की मुहर लगा दूँगी।"

गुणवती प्रसन्न-मन लौट आई। अपने पिता के इस व्यवहार से उसके अन्दर का सम्भ्रम हटता-सा लगा। लेकिन तब भी उसको लग रहा था कि उसके अन्दरवाली दुश्चिन्ता वैसी-की-वैसी बनी है।

गुणवती के जाने के बाद रणमल ने बीजा को बुला भेजा। बीजा के आते ही उन्होंने कहा, "बीजा, हमारे दो वार खाली गए हैं, आज तुझे तीसरा वार करना है—इस बार चूक नहीं होनी चाहिए किसी तरह की।"

"आज्ञा हो! इस बार किसी तरह की चूक नहीं होगी, चाहे मुझे प्राण भी देने पड़ें।" बीजा ने तनकर कहा।

रणमल मुस्कराए, "प्राण देने की नौबत नहीं आएगी, तू ध्यान से सुन। रघुदेव के लिए राणा मुकुलजी की रक्षा करने के उपलक्ष में राजमाता गुणवती और राणाजी की ओर से राज्य की मुहर के साथ एक सनद ले जानी है तुझे, सैनिकों की एक टुकड़ी के साथ। इस सनद के साथ पाँचों परिधान होंगे, अलंकार होंगे। तो तुम पचास राठौर सैनिकों के साथ यह सब लेकर तत्काल कैलवाड़ा के लिए रवाना हो जाओ। जब तक तुम वहाँ जाने की तैयारी करोगे तब तक दूसरी सारी व्यवस्था मैं कर रखूँगा।"

"लेकिन वहाँ मुझे करना क्या होगा?"

"वही तो बतला रहा हूँ। परम्परा के अनुसार परिधान और अलंकार प्राप्त करते ही उन्हें धारण करना होता है। जिस समय वह परिधान धारण कर रहा हो, तुम अपमानजनक शब्द बोलकर अथवा और किसी बहाने उत्तेजित करके उसे समाप्त कर देना। कल प्रात:काल रघुदेव की मृत्यु की सूचना मुझे मिल जानी चाहिए।"

बीजा बोला, "सरकार, इसके बाद तो सबकुछ स्पष्ट हो जाएगा!"

"और वह स्पष्ट हो जाना चाहिए।" रणमल का स्वर कठोर हो गया, "मेवाड़ पर अब शासन सिसौदिया वंश का नहीं, राठौर वंश का है। और यह सब बिना किसी युद्ध के, बिना अनावश्यक रक्तपात के हो रहा है।"

"सरकार, अच्छी तरह सोच लें," बीजा बोला, "मेवाड़ की प्रजा कहीं विद्रोह न कर दे!" उसके स्वर में एक तरह का अज्ञात भय था।

लेकिन रणमल के अन्दर दबा हुआ राक्षस अब पूरी तरह उभर आया था।

वह हँस पड़े, एक पैशाचिक हँसी, "प्रजा कभी विद्रोह नहीं करती, वह पशु होती है—पशु! युद्ध करते हैं सैनिक जो गुलाम होते हैं, क्योंकि वे वेतनभोगी होते हैं। सामन्त ही शासक के प्रतिरूप होते हैं। मैंने राठौर सामन्तों को एक बड़ी संख्या में यहाँ बुला लिया है—तू यह जानता है, तू अब उनका प्रमुख है।"

विस्मित और चकित-सा बीजा कुछ देर तक रणमल को देखता रहा, फिर उसने एक ठंडी साँस ली और कुछ साहस बटोरकर बोला, "आप निश्चिन्त रहें, मैं रघुदेव का वध करके ही चित्तौड़ वापस लौटूँगा।" और वह चला गया।

सरदार बीजा अपने आदमियों के साथ सनद और अन्य उपहार लेकर जिस समय कैलवाड़ा पहुँचा, संध्या हो गई थी। उस समय लक्ष्मीपूजन की तैयारियाँ हो रही थीं। रघुदेव स्नान के बाद अपनी दैनिक सांध्य-उपासना करके उठ रहा था, लक्ष्मीपूजा की तैयारी के लिए। वह अपने बड़े भाई चूण्डा की अपेक्षा कहीं अधिक धार्मिक प्रवृत्ति का था—अत्यन्त शान्त-स्वभाव का व्यक्ति, किसी तरह की महत्त्वाकांक्षा नहीं थी उसमें। दयावान और उदार! लेकिन जहाँ तक साहस और वीरता का प्रश्न था, इन गुणों का भी उसमें अभाव नहीं था।

रघुदेव को चित्तौड़ से सनद और अन्य उपहारों के आने की सूचना मिल चुकी थी। पूजागृह से निकलकर उसने बीजा तथा अन्य लोगों का स्वागत किया। रघुदेव इन लोगों और उपहार वहन करनेवाले भृत्यों को अपने मुख्य कक्ष में ले गया। बीजा ने सविनय कहा, "राणा मुकुलजी तथा राजमाताजी ने यह सनद एवं परिधान और अलंकरण आपके लिए भिजवाए हैं, इन्हें स्वीकार करें।"

सिर नवाकर रघुदेव ने सनद स्वीकार कर ली तथा अपने दो भृत्यों से कहा कि परिधान और अलंकार को यथास्थान रख दें। फिर बीजा से कहा, "मैंने तो केवल अपने कर्तव्य का पालन किया था—फिर भी राणाजी की सनद मेरे मस्तक पर!"

बीजा बोला, "राज परम्परा तो यह है कि परिधान और अलंकार तत्काल धारण करके सनद ली जाए!"

इस पर रघुदेव ने मुस्कराते हुए कहा, "सुना है कि दिल्ली के मुसलमान बादशाहों में यही प्रथा है—राजपूतों में भी अब यह प्रथा देखादेखी प्रचलित हो रही है। राणाजी का आदर करना हरेक सामन्त का धर्म है। मैं इन परिधानों को इसी समय धारण करता हूँ।"

रघुदेव ने अपने भृत्यों को संकेत किया, वे कक्ष के बाहर चले गए। उनके

साथ ही बीजा के साथी भी वहाँ से हट गए। रघुदेव ने अपनी तलवार अलग रख दी और वह वस्त्र बदलने लगा। तभी बीजा बोला, "परसों संध्या समय राणाजी का अपहरण करनेवालों में से किसी को आप पहचान पाए थे क्या?"

इस प्रश्न से रघुदेव चौंक उठा। उसने बीजा को ध्यान से देखा और उसके मुँह से सहसा निकल पड़ा, "तुम—तुम नकली दाढ़ी बाँधे हुए थे।" और यह कहते हुए वह अपनी तलवार उठाने को झुका। बीजा ने अपनी तलवार पहले से ही थाम रखी थी, उसने उसी समय रघुदेव पर भरपूर प्रहार किया। रघुदेव का सिर कटकर भूमि पर गिर पड़ा।

रक्त से सनी हुई तलवार हाथ में लिये बीजा रघुदेव के राजमहल से बाहर निकला। जब तक रघुदेव के सैनिक सँभले, बीजा और उसके सैनिक अपने घोड़ों पर सवार होकर चित्तौड़ की ओर रवाना हो गए। रघुदेव के राजमहल में हाहाकार मच गया। सिसौदिया सैनिकों के तैयार होते-होते बीजा के सैनिक अदृश्य हो गए थे।

उस रात चित्तौड़गढ़ का फाटक खुला हुआ था। भोर होने के पहले ही ये लोग गढ़ के फाटक पर पहुँच गए। सरदार भद्रा अन्य भट्टी प्रहरियों के साथ इनकी प्रतीक्षा कर रहा था। इन लोगों के गढ़ में प्रवेश करने के साथ ही गढ़ का फाटक बन्द हो गया।

दोपहर के समय राजमाता गुणवती को रघुदेव की हत्या की खबर मिली, जब कि कैलवाड़ा से एक व्यक्ति ने आकर राजमाता को सबकुछ बताया। हत्या की यह खबर पाकर वह सहम-सी गईं। कैलवाड़ा से आनेवाले दूत ने राजमाता के समक्ष विस्तार के साथ समस्त घटना का वर्णन किया था। और वह सब सुनकर गुणवती को यह स्पष्ट समझ में आ गया कि ये प्रहार रणमल की ओर से ही हो रहे हैं।

राजमाता गुणवती ने उसी समय रनिवास की छत्राणियों को बुलाया। उसके पिता राव रणमल ने मेवाड़ और चित्तौड़ का शासन पूरी तौर से अपने हाथ में ले लिया था। इसलिए तत्काल ही कुछ किया जाना था। छत्राणियों से वह कुछ कहना ही चाहती थी कि तभी एक दासी ने हाँफते हुए सूचना दी, "राजकुमार सिंहा को साथ लेकर अमिया राजमहल के बहिर्कक्ष में चली गई है जहाँ राव रणमल अपने सामन्तों के साथ रहते हैं।"

राणा मुकुलजी की धाय मानवती तेज स्वर में बोली, "मेवाड़ में राणाजी की रक्षा करनेवाले कुँवर चूण्डाजी को राजमाताजी ने निर्वासित कर दिया है। लेकिन

मैंने तो राणाजी को पाला है। मेरे रहते राणाजी पर कोई आँच नहीं आ सकती। जब तक मैं जीवित हूँ, तब तक कोई उनका बाल बाँका नहीं कर सकता।" यह कहकर उसने अपनी कटार निकाल ली।

उसकी देखादेखी उसी समय बीस राजपूतनियों ने अपनी कटारें निकाल लीं, "हम सब राणाजी की रक्षिकाएँ हैं!" सबने अपनी कटारें हवा में हिलाते हुए एक स्वर में कहा, "राणा मुकुलजी की जय!"

गुणवती को यह सब देखकर लगा कि अभी भी सबकुछ गया नहीं है।

शोर सुनकर अँचली भी वहाँ आ गई थी। गुणवती ने अँचली से कहा, "रान्धा में चूण्डाजी को खबर करा दो, मेरी विनय के साथ उनसे कहला देना कि मुझे अविलम्ब उनकी सहायता की आवश्यकता है। सरदार झँवर और सामन्त सुमेर से कह दो कि जब तक चूण्डाजी न आ जाएँ, तब तक वे लोग सतर्कता से रनिवास पर नजर रखें।"

और अपनी कटार लेकर भावावेग में वह अपने कक्ष से बाहर रणमल के कक्ष की ओर चली गई।

सत्रहवाँ परिच्छेद

राव रणमल के कक्ष में उल्लास का वातावरण था—उनके सारे खास-खास मुसाहिब वहाँ एकत्र थे। बीजा राव रणमल को विस्तार के साथ बता रहा था कि पिछली रात क्या-क्या हुआ और कैसे हुआ। ठीक उसी समय बिना कोई सूचना दिये राजमाता गुणवती ने उनके कक्ष में प्रवेश किया। गुणवती को देखते ही सब लोग चुप होकर खड़े हो गए। गुणवती अपने पिता के सामने पहुँचकर बोली, "मुझे अभी-अभी खबर मिली है कि कल रात कैलवाड़ा में बीजा ने रघुदेव की हत्या कर दी—क्या यह सत्य है?"

कुछ हिचकिचाते हुए रणमल ने कहा, "बीजा यही बता रहा था अभी-अभी, कि सनद और उपहार पाकर रघुदेव ने किस तरह तुम्हारा और मेरा अपमान किया। बीजा ने जब इसका विरोध किया तब रघुदेव ने तलवार खींच ली। आत्मरक्षा के लिए विवश होकर बीजा को भी अपनी तलवार खींचनी पड़ी और द्वंद्व-युद्ध में उसने रघुदेव को मार दिया।"

गुणवती चीख उठी, "यह झूठ है! रघुदेव की हत्या के आरोप में बीजा को बन्दी बनाया जाए—मैं आज्ञा देती हूँ।"

राव रणमल इस समय तक सुव्यवस्थित हो गए थे, उनका स्वर अनायास ही कठोर हो गया, "तुम आज्ञा देनेवाली होती कौन हो? मेवाड़ की शासन-व्यवस्था मेरे हाथ में है। इस समय बिना सूचना पठाए तुम यहाँ चली कैसे आईं?"

"अवयस्क राणाजी की अभिभाविका राजमाता से अपने ही राज्य में यह प्रश्न? यह राजभवन मेरा है।"

राव रणमल उठ खड़े हुए, "सुन री निर्बुद्धि लड़की, मैं तेरा पिता हूँ—मैं राणा मुकुलजी का नाना हूँ। तेरे हाथ में न राणाजी की सुरक्षा निश्चित है, न उनका भविष्य। मैं यहाँ अपने नाती के मोह से रुका हुआ हूँ। यह सिसौदिया वंश! यह चूण्डा की मुट्ठी में है। राणा मुकुलजी का सबसे बड़ा शत्रु चूण्डा है। इसे ठीक तरह से समझकर बात कर।"

गुणवती चिल्लाकर बोली, "देवता को कलंकित करनेवाला पाप का भागी होता है। राणा मुकुलजी को आपकी सुरक्षा की आवश्यकता नहीं है। चूण्डाजी पर अविश्वास करना ही मुझसे बहुत बड़ी भूल हो जाना था।"

रणमल हँस पड़े, और गुणवती को लगा कि उसका पिता नहीं, एक शक्तिशाली राक्षस उसके सामने खड़ा हँस रहा है। अन्दर-ही-अन्दर वह एक क्षण के लिए सहम-सी गई। फिर एकाएक जोर लगाकर उसने अपनी कटार निकाल ली।

इस अप्रत्याशित रुख की रणमल ने आशा नहीं की थी। रणमल सावधान हो गए। उनकी मुद्रा में उसी समय परिवर्तन हो गया। अत्यन्त सहज और स्वाभाविक मुद्रा धारण करके वह बोले, "तू जिसे अपना सबसे बड़ा हितैषी तथा मित्र समझती है, वही तेरा और तेरे पुत्र का सबसे बड़ा शत्रु है। मैं तुझसे फिर कहता हूँ, मेरे गुप्तचरों ने पता लगा लिया है कि धनतेरस के दिन राणा मुकुलजी का अपहरण करने का षड्यंत्र चूण्डा का था। तू ही बता, जब से वह चित्तौड़ से गए हैं, यहाँ नहीं आए। क्या यही अपने छोटे भाई तथा विमाता के प्रति मोह और आदर का भाव है? अनेक सिसौदिया सैनिक और सरदार चित्तौड़ छोड़कर रान्ध्रा चले गए और अब भी जा रहे हैं। रान्ध्रा में उन्होंने एक शक्तिशाली राज्य कायम कर लिया है। जल्दी ही वह चित्तौड़ पर हमला करके राणा मुकुलजी को अपदस्थ करनेवाले हैं। मेवाड़ का शासक बनने की पूरी योजना उन्होंने बना ली है।"

गुणवती जैसे फिर एक चक्कर में पड़ रही हो। यह सत्य है कि उसका पिता उसके पुत्र का शत्रु बन सकता है, इस बात पर विश्वास ही नहीं किया जाना चाहिए। लेकिन अब उसे अपने-आपसे ही संघर्ष करना पड़ रहा था। उसने एक बार फिर अपना साहस बटोरकर चिल्लाते हुए कहा, "यह झूठ है।"

"क्यों अपने-आपको धोखा दे रही हो गुणो!" पिता मानो अपनी नादान पुत्री

को समझा रहा था, "इससे काम नहीं चलेगा। तू अनुभवहीन है, राजनीतिक षड्यंत्रों का तुझे पता नहीं। तू कभी खतरे से खेली नहीं हैं। रघुदेव सबकुछ होते हुए भी चूण्डा का सगा छोटा भाई था। चूण्डा ने अपने षड्यंत्रों में उसको सम्मिलित नहीं किया—केवल इसलिए कि वह निर्बुद्धि प्राणी था। परसों उससे राणा मुकुलजी की रक्षा करने की गलती हो गई थी। और कल बीजा से यह भूल हो गई कि उसने रघुदेव से चूण्डा के षड्यंत्र का भेद खोल दिया। इस भेद को जानकर रघुदेव ने बीजा का ही नहीं, मेरा-तुम्हारा और राणा मुकुलजी का भी अपमान किया। इस सबका जो परिणाम हुआ वह तो तुम्हारे सामने है—मैं अभी यही खोजबीन कर रहा था।"

जिस दृढ़ता को धारण करके गुणवती आई थी, वह सहसा गायब हो गई। वह भुलावे में आ गई और अपने पिता के प्रति उसका मोह फिर जाग उठा। सिर झुकाकर वह कुछ सोचने लगी। स्थिति की अनुकूलता का लाभ उठाकर रणमल बोले, "तुम निश्चिन्त रहो। मेवाड़ के राणा तो मुकुलजी ही हैं। मेरी बात क्या? मैं तो अब वृद्ध हो गया हूँ। मेरे पुत्र जोधा ने समस्त मारवाड़ को बाहुबल से जीतकर अपना एक शक्तिशाली राज्य बना लिया है। सिंहा उसका उत्तराधिकारी है। सिंहा मेरे हाथों पला है, उसके पिता के पास उसके लालन-पालन का समय नहीं है। इसलिए वह मेरे पास है। तुम अपने मन का विकार दूर कर दो, प्रसन्न और निर्द्वंद्व भाव से अपना जीवन बिताओ। राणा मुकुलजी के बारे में सतर्कता अवश्य बरतनी होगी। बाहरी सतर्कता तो मैं बरत ही रहा हूँ, अन्दरूनी सतर्कता बरतना तुम्हारी जिम्मेदारी है। मैंने तुम्हें पहले ही सावधान कर दिया है। रणमल के रहते उसकी बेटी और नाती का कोई अहित नहीं कर सकता।"

एक बार फिर जैसे गुणवती की डूबती हुई चेतना ने जोर मारा, "मुझे अभी-अभी खबर मिली है कि आपने अमिया और सिंहा को अपने कक्ष में बुला लिया है।"

"मैंने तो बुलाया नहीं, हाँ, अभी कुछ देर पहले सिंहाजी को साथ लेकर अमिया मेरे कक्ष में आ गई। कुछ ऐसा कह रही थी कि रघुदेव की मृत्यु का समाचार पाकर रनिवास की छत्राणियाँ क्रोध में आ गई हैं और यह सम्भावना है कि कहीं सिंहा का कोई अहित न हो जाए! मैं फिर उससे विस्तार के साथ बात करूँगा" और तब मुस्कराते हुए उन्होंने कहा, "जाओ, अपने अधिकार और प्रयत्न से राजकुल और रनिवासवालों को शान्त करो। मुझे तो सिसौदिया सामन्तों तथा चूण्डा के आक्रमणों

का मुकाबला करने की व्यवस्था करनी है। शायद चूण्डा अब खुलकर मुकुलजी पर प्रहार करे।"

आई तो थी गुणवती संकल्प और दृढ़ता के साथ, लेकिन लौटी एक अजीब तरह की पराजय और थकावट की भावना लेकर। अपने पिता के यहाँ से लौटकर उसने राजभवन की छत्राणियों को शान्त किया और फिर कुछ बीमार-सी वह अपने कक्ष में लेट गई। उस दिन उसने किसी से कुछ बात नहीं की। अँचली को कहला दिया कि अभी वह झँवर के यहाँ न जाए, रात में उससे बातें होंगी।

व्यक्तिवाद और व्यक्तिपूजा! समस्त सामन्ती व्यवस्था और परम्परा इन दो शब्दों पर आधारित है। राजपूतों का इतिहास इसी व्यक्तिवाद का इतिहास रहा है। रघुदेव की हत्या की गई या उसकी मृत्यु बीजा के साथ द्वंद्व-युद्ध में हुई—यह प्रश्न राजकुल के लोगों के लिए भले ही महत्त्वपूर्ण रहा हो, लेकिन जहाँ तक चित्तौड़ तथा मेवाड़ की प्रजा का प्रश्न है, उनकी इस विषय में कोई दिलचस्पी नहीं थी। प्रजा की बात छोड़ दी जाए, स्वयं मेवाड़ के सामन्तों और सरदारों ने भी यह खबर एक कान से सुनी और दूसरे कान से निकाल दी। मनुष्य का समस्त अस्तित्व ही व्यक्तिगत स्वार्थों की टकराहट के धरातल पर स्थित है।

गुणवती की मूर्खता और अदूरदर्शिता के फलस्वरूप मेवाड़ का शासन-तंत्र राव रणमल के हाथ में आ चुका था। धूर्त और मक्कार, झूठे और ढोंगी—इसी तरह के लोग आदिकाल से जीवन में सफल प्रतीत होते हैं। राजनीति में तो चाणक्य से लेकर माइकावली तक तमाम नीतिशास्त्रियों ने नैतिक अवगुणों को राजनीति में गुण ही माना है। राव रणमल सफल शासक थे—प्रजा सुखी थी, कहीं किसी तरह की अव्यवस्था नहीं थी, कहीं किसी तरह का विद्रोह अथवा विरोध नहीं था। मेवाड़ का राजकोष रणमल के व्यक्तिगत अनुचरों और समर्थकों के लिए खुला था—वे चाहे सिसौदिया हों, चाहे राठौर हों, चाहे भट्टी हों अथवा वे ब्राह्मण या वैश्य ही क्यों न हों!

दिन-भर गुणवती मर्माहत-सी अपने पलँग पर लेटी रही। उसकी समझ में नहीं आ रहा था कि कौन उसका वास्तविक मित्र है और कौन उसका वास्तविक शत्रु।

लेकिन यह एक तथ्य है कि अन्दर की घुटन हमेशा एक-सी नहीं रहती। रात में अपने इसी अनिश्चय की अवस्था से विकल होकर गुणवती ने अँचली को बुला भेजा। वह आ गई तो राजमाता ने पूछा, "दोपहर को तूने यह खबर तो सुनी ही होगी कि रघुदेव की मृत्यु हो गई है?"

सिर झुकाए हुए अँचली ने उत्तर दिया, "हाँ सरकार, बीजा ने उनकी हत्या कर दी है—सारा रनिवास इस खबर से आतंकित है।"

"मेरे पिता का कहना है कि रघुदेव बीजा के साथ द्वंद्व-युद्ध में मारे गए। कैलवाड़ा से आए हुए दूत का कहना है कि उनकी हत्या की गई है। मुझे तो समझ में नहीं आ रहा है कि सत्य क्या है!"

निश्चूछल और निष्कपट भाव से अँचली बोली, "आपके बापू आपसे झूठ क्यों बोलेंगे? उनकी ही बात सच होगी।"

गुणवती ने कुछ सोचकर पूछा, "तेरे साथ रान्ध्रा से कितने सैनिक आए हैं?"

"कुल पचास। चालीस तो महाराज के राजदूत और अहेरिए सैनिक हैं, बाकी दस हमारे भील हैं।"

"राजपूतों का सरदार कौन है? वह कहाँ ठहरा है?"

"सरकार, वह सरदार झँवरजी हैं, सिसौदिया सामन्त सुमेर के छोटे भाई। झँवरजी अपने भाई सामन्त सुमेर के साथ ठहरे हैं। वहाँ का पता झँवरजी ने मुझे दे दिया है। आज सुबह मुझे उनसे मिलना था, लेकिन मैं जा नहीं सकी, वह जरूर चिन्तित होंगे।"

"सामन्त सुमेर—मैं उन्हें जानती हूँ। तो तू इसी समय झँवरजी से कह दे कि मैं उनसे मिलना चाहती हूँ। मैं तुम लोगों की प्रतीक्षा करूँगी।"

अँचली चली गई। दो घंटे बाद वह अकेली ही लौटी। उसने कहा, "झँवरजी मार्ग से ही लौट गए—राजभवन पर शायद पहरा लगा है। उन्हें उन पहरेदारों के बीच गुप्तचरों की उपस्थिति का सन्देह हुआ। सरकार के यहाँ उनका आना और वह भी विशेष रूप से रात के समय निरापद नहीं होगा। मुझसे उन्होंने कहा है कि जो कुछ सन्देशा है उन्हें मेरे द्वारा पहुँचा दिया जाए। वैसे चित्तौड़ नगर और बाजार में पूर्ण शान्ति है। कल दीपावली की रात्रि में कैलवाड़ा में क्या हुआ, इसकी कहीं कोई चर्चा नहीं। रघुदेवजी की हत्या का समाचार पाकर सामन्त सुमेर और सरदार झँवरजी, दोनों ही बड़े चिन्तित हो उठे हैं।"

गुणवती ने मानो अपने-आपसे ही कहा, "पता नहीं, इस समय तक चूण्डाजी को भी इस घटना की खबर मिली होगी या नहीं?" और वह मन-ही-मन तर्क-वितर्क करने लगी। फिर उसने अँचली से कहा, "प्रात:काल झँवरजी से कह दो कि वह कल ही स्वयं रान्ध्रा जाकर या किसी अन्य व्यक्ति को भेजकर चूण्डाजी

को रघुदेव की मृत्यु की सूचना दे दें। तू अब जा, रात बहुत बीत चुकी है, इसलिए जाकर विश्राम कर।"

"उन्हें यहाँ आने का सन्देशा भी भिजवा दूँ?" अँचली ने सहज भाव से पूछा।

गुणवती की मुद्रा एकाएक बदल गई, उसका स्वर कठोर हो गया, "नहीं, मैं किसी तरह का सन्देशा नहीं भेजूँगी। मैं स्वयं अपनी रक्षा करने में समर्थ हूँ। झँवरजी को कल शाम ही रान्ध्रा भेज देना, परसों कुँवर चूण्डाजी को यह खबर मिल जाए।"

झँवर तीसरे दिन दोपहर के पहले ही रान्ध्रा पहुँच गया। नित्य नियम के अनुसार चूण्डा निकटवर्ती जंगलों में शिकार के लिए निकल गए थे। शिकार से जब वह वापस आए, तब झँवर उनके सामने उपस्थित हुआ। झँवर के गम्भीर और उदास चेहरे को देखते हुए चूण्डा ने कहा, "तुम बड़ी जल्दी वापस आ गए? अकेले आए हो, या अन्य लोगों के साथ? क्या राणा मुकुलजी पर कोई विपत्ति आई है?"

"इसका ठीक-ठीक आभास तो मिलता नहीं और न कुछ पता ही चल पाता है। लेकिन धनतेरस की रात को जब राणा मुकुलजी कैलवाड़ा से वापस आ रहे थे, तब चित्तौड़गढ़ के बाहर कुछ अज्ञात लोगों ने उनका अपहरण करने का प्रयास किया। वह तो आपके भाई रघुदेव अनायास ही घटना-स्थल पर पहुँच गए थे, इसीलिए शत्रु का प्रयास विफल हो गया। मगर दीवावली की रात को उनकी हत्या हो गई। राजमाता के आग्रह पर अँचली ने आपको तुरन्त सूचित करने के लिए मुझे यहाँ भेजा है।" और तब झँवर ने विस्तार के साथ उन घटनाओं का वर्णन कर डाला। रणमल के पक्ष की बात भी झँवर ने बतला दी कि खतरे की आशंका से राणा मुकुलजी का चित्तौड़ से बाहर जाना उन्होंने रोक दिया था।

चूण्डा चौंककर उठ खड़े हुए, "रघुदेव की हत्या हो गई! और वह भी कैलवाड़ा में!" कुछ क्षण गुमसुम रहने के बाद फिर जैसे कुछ सचेत होकर उन्होंने झँवर से पूछा, "केवल सूचना देने की बात है या राजमाता ने तुम्हारे द्वारा कोई सन्देसा भी भिजवाया है?"

"अँचली ने तो यही कहा कि मैं महाराज को केवल सूचना दे दूँ—कोई सन्देसा नहीं भेजा है।" झँवर ने टूटे हुए स्वर में कहा।

एक ठंडा नि:स्वास भरकर जैसे चूण्डा अपने आसन पर गिर पड़े, अस्पष्ट स्वर में वह मानो अपने आपसे ही कह उठे, "हठी और निर्बुद्धि नारी! मैं तुझे वचन दे चुका हूँ कि तब तक चित्तौड़ वापस नहीं आऊँगा जब तक मुझे बुलाया

नहीं जाएगा।" और फिर जैसे स्वतः सम्भाषण से वह स्वयं कुण्ठित हो उठे हों। अपने निजी भृत्य से बोले, "रनिवास में जाकर कह दे कि मैं भोजन नहीं करूँगा। दीपावली की रात को रघुदेव की हत्या हो गई है, परिवार में सूतक मनाया जाए। आज तृतीया है, दशमी एवं तेरहवीं में सम्मिलित होने के लिए मैं नवमी के दिन सपरिवार कैलवाड़ा की यात्रा करूँगा।"

चूण्डा कुछ देर तक आँख बन्द किये हुए बैठे रहे। अतीत की घटनाएँ एक के बाद एक विशृंखल रूप में उनके मानस-पटल पर आ रही थीं। अपने ही आन्तरिक मन्थन से घबराकर उन्होंने अपनी आँखें खोल दीं, सामने झँवर खड़ा था। अतीत के गर्त से निकलकर वर्तमान में आते हुए उन्होंने झँवर से पूछा, "तुम लोग तो कुशलपूर्वक हो न? तुम लोगों के मेवाड़ में होने का पता किस-किसको है?"

"केवल राजमाता को और मेरे बड़े भाई सुमेर को, और किसी को भी नहीं। अँचली को राजमाता ने रनिवास में ठहरा लिया है—बड़े भाई के यहाँ रहने से मेरे बारे में कोई सूचना किसी को नहीं मिल सकती। मेरे साथवाले दसों अहेरिये गढ़-रक्षक भट्टियों के सेवक बने हुए हैं, बाकी तीस राजपूत सैनिक राठौरों के चाकर बन गए हैं।"

सारा विवरण सुनकर कुँवर चूण्डाजी कुछ आश्वस्त हुए। जीवन-मृत्यु का खेल आरम्भ हो गया है, लेकिन अभी तक हर दाँव ठीक पड़ रहा है। यही सब सोचते हुए उन्होंने झँवर से कहा, "जा भोजन कर ले जाकर। थका हुआ है, कुछ विश्राम भी कर ले। अपराह्न के बाद चित्तौड़ के लिए रवाना होना। कल सुबह तक तू चित्तौड़ पहुँच जाएगा। अब पूरी सतर्कता बरतनी है। राजमाता से कहला देना कि मैं नवमी के प्रातः कैलवाड़ा पहुँचूँगा। मुझे यदि कोई सन्देसा भेजना हो तो नवमी और चतुर्दशी के बीच कैलवाड़ा भेज दें। एक बार फिर आश्वासन दे देना कि चूण्डा अपने वचनों के धनी हैं।"

दूसरे दिन ही झँवर चित्तौड़ पहुँच गया। पूर्वनिर्धारित योजना के अनुसार अँचली चित्तौड़ के महाकालेश्वर के मन्दिर के मुख्य द्वार पर अपने एक भील साथी की दुकान पर पहुँच गई, जिसने जंगली जड़ी-बूटियों के विक्रेता का रूप धारण कर लिया था। वह उस भील की सहायिका का पद सँभाले हुए थी। भक्तों की भीड़ उमड़ रही थी और अँचली की नजरें उस भीड़ में झँवरजी को तलाश रही थीं।

दोपहर के समय झँवर एक भक्त के वेश में मन्दिर के मुख्य द्वार पर आया।

उसकी आँखें भी अँचली को खोज रही थीं। अँचली जब दिखाई पड़ गई तब वह उसके पास पहुँचा। उसने आते ही अँचली से कहा, "अभी कुछ देर पहले मैं चित्तौड़ वापस आया हूँ। गढ़ के प्रवेश द्वार पर बड़ी सतर्कता बरती जा रही है।"

अँचली ने बड़े आग्रहपूर्वक पूछा, "महाराज तो सकुशल हैं न? मेरे लिए उन्होंने कोई सन्देशा भेजा है?"

झँवर मुस्कराया। चूण्डाजी के लिए अँचली में जो नितान्त समर्पण और भक्ति की भावना थी, हरेक रान्ध्रानिवासी उससे परिचित था। उस भावना में जो औदात्य था, जो पवित्रता थी, उसका पता हरेक व्यक्ति को था। उसने कहा, "पहला प्रश्न जो उन्होंने मुझसे किया वह तेरे कुशल-क्षेम के सम्बन्ध में ही था। महाराज ने मुझसे तुम्हारे द्वारा राजमाता से यह कहला देने को कहा है कि नवमी के दिन वह कैलवाड़ा आएँगे और चतुर्दशी तक वहाँ ही रहेंगे। राजमाता को जो कुछ भी सन्देशा भिजवाना हो, वह नवमी से चतुर्दशी तक कैलवाड़ा में उन्हें भिजवा दें। इस बीच हम लोगों को छद्मवेश में चित्तौड़ में ही रहना है, अत्यन्त गोपनीयता और सतर्कता के साथ। शायद बहुत-कुछ होने की सम्भावना है।" और यह कहकर झँवर ने मुख्य द्वार से मन्दिर के भीतर प्रवेश किया।

अँचली जब रनिवास में पहुँची, तब राजमाता अपनी दासियों से घिरी बातें कर रही थीं। अँचली ने जैसे ही अपने आने की सूचना राजमाता को भेजी, वैसे ही गुणवती ने वहाँ बैठी सभी दासियों को विदा करके अँचली को बुला लिया।

सिर नवाकर अँचली बोली, "सरदार झँवर आज प्रात: रान्ध्रा से चित्तौड़ वापस आ गए हैं। वह यह समाचार ले आए हैं कि महाराज नवमी के दिन अपने परिवार के साथ कैलवाड़ा पहुँचेंगे। उनका कहना है कि अगर राजमाता चित्तौड़ में उनके आने की आवश्यकता समझें, तो नवमी और चतुर्दशी के बीच उन्हें सन्देसा भिजवा दें।"

राजमाता गुणवती ने अपने होंठों को दाँतों से काटते हुए पूछा, "बस, इतना ही? और कोई सन्देसा है?"

अँचली बोली, "सरकार के लिए बस इतना ही है! बाकी हम लोगों के लिए कुछ आदेश अवश्य हैं।"

गुणवती बुदबुदाई, "इतना हठ!...या सम्भव है मेरे पिता की ही बात ठीक हो!"

अठारहवाँ परिच्छेद

जिसे पाप या पुण्य कहा जाता है वह केवल सामाजिक परिकल्पना है, भावना स्वयं में न पाप है न पुण्य है। कार्य का प्रेरक तत्त्व होते हुए भी यह मनुष्य की जन्मजात प्रवृत्ति-भर है। बौद्धिक तत्त्व होने के नाते सामाजिक परिकल्पना मूल रूप से काल और परिस्थिति पर निर्भर करती है।

सामाजिक प्राणी होने के कारण मनुष्य की जो प्रवृत्तियाँ समाज के लिए अहितकर साबित होती हैं, वे अनादिकाल से वर्जित मानी जाती रही हैं; और कौन-सी प्रवृत्तियाँ वर्जित हों, इसका निर्णय बुद्धि करती है। बौद्धिक प्राणी होने के कारण मनुष्य ने हमेशा से सामाजिक संगठन पर जोर दिया है, लेकिन यह सामाजिक संगठन वस्तुतः काल और परिस्थिति की सीमाओं में बँधा रहता है। मनुष्य ने भले ही एक सार्वभौम समाज की कल्पना की हो, लेकिन उस सार्वभौम समाज की स्थापना हमेशा असम्भव रही है क्योंकि वैसे समाज की स्थापना का अर्थ है—घूम-फिरकर फिर उसी व्यक्तिवाद पर पहुँचकर उससे चिपक जाना। सम्भवतः भारत में 'वसुधैव कुटुम्बकम्' का स्वर उठानेवाले ऋषि और मनीषी हिन्दू धर्म के घोर व्यक्तिवाद के दायरे में सिमट गए थे।

व्यक्तिवाद से आगे बढ़कर कुल और परिवार की परिकल्पना की गई, जो पशुता की स्थिति से ऊपर उठने का प्रथम चरण है। राव रणमल की सामाजिक धारणा कुल और परिवार तक ही सीमित थी, उसमें सद्-असद्, गुण और विकृति का कोई स्थान न था।

'समरथ को नहिं दोष गुसाईं' वाली कहावत के अनुसार राव रणमल की विकृतियों ने मेवाड़ में नंगा रूप धारण कर लिया था। उन विकृतियों पर से नैतिक अथवा सामाजिक हर तरह का अंकुश जाता रहा! राव रणमल में प्रवृत्ति के रूप में बुद्धि का वह आदिरूप प्रमुख था जिसे मक्कारी कहते हैं, और समर्थ व्यक्ति में यह मक्कारी और ढोंग हो तो वह समाज के लिए बड़ा घातक सिद्ध हो सकता है।

घटनाएँ क्यों घटित होती हैं? कैसे घटित होती हैं?—और इन घटनाओं का मनुष्य के जीवन पर क्या प्रभाव पड़ता है? ये ऐसे प्रश्न हैं जो अनादि काल से अनुत्तरित रहे और अनन्तकाल तक अनुत्तरित रहेंगे।

एक ओर तो गुणवती अँचली से सबकुछ सुनकर चूण्डा के सम्बन्ध में एक तरह से निराश-सी होकर अपने पलँग पर गिर पड़ी थी, दूसरी ओर अमिया को खबर मिली कि उसकी बेटी राधा अपने पति के घर से भागकर मन्दौर से चित्तौड़ आ गई है। राधा को सब लोग 'रधिया' कहते थे और मन्दौर से उसे चित्तौड़ ले आए थे आचार्य सुधाकर!

आचार्य सुधाकर एक लम्बे अरसे तक चित्तौड़ से बाहर रहे थे। वह मारवाड़ चले गए थे जोधा को यह प्रेरित करने कि वह चित्तौड़ आकर उस पर अपना अधिकार जमा ले। लेकिन जोधा को मारवाड़ में अपने अभियान में निरन्तर सफलता मिलती जा रही थी और उसे अपने शौर्य एवं पुरुषार्थ पर विश्वास था। उसने चित्तौड़ पर आक्रमण करने से साफ इनकार कर दिया। अन्दर से अत्यन्त नीच और विकृत प्रवृत्तियों वाले आचार्य सुधाकर जब निराश हो चले, तो उन्हें अचानक रधिया दिखाई पड़ी जो अपने वैवाहिक जीवन से असन्तुष्ट और क्षुब्ध थी। उसे देखकर आचार्य सुधाकर की कुटिलता फिर जाग उठी और वह रधिया को बहकाकर चित्तौड़ ले आए।

आचार्य सुधाकर रधिया को उसकी माता अमिया के पास छोड़कर रणमल के यहाँ चले गए और अपने वापस आने की सूचना दी। उन्होंने रणमल से बताया कि इन दिनों मारवाड़ में क्या-क्या हो रहा है तथा जोधाजी से उनकी क्या-क्या बातें हुईं। इस बीच चित्तौड़ तथा मेवाड़ राज्य में जो कुछ हुआ था, उसका विवरण भी उन्होंने सुना। फिर चलते-चलते बड़ी प्रसन्नता और सन्तोष की मुद्रा में उन्होंने रणमल को यह सूचित किया कि वह रधिया को अपने साथ ले आए हैं।

रणमल का दरबार उस समय समाप्त हो रहा था—अब रात के निजी राग-रंग की तैयारी चल रही थी। अतः रणमल वहाँ से उठकर रधिया के सौन्दर्य की झलक

लेने के लिए अमिया के कक्ष की ओर चले गए।

अमिया को रधिया के अपने पति-गृह से चले आने की बात खल गई थी। उसने सुधाकर को पचासों गालियाँ दीं और रधिया को समझाया कि वह अपने पति के पास चली जाए। समझाने का असर जब नहीं हुआ तो उसने रधिया को डाँटा-डपटा, मारा-पीटा भी।

रणमल जिस समय अमिया के कक्ष में पहुँचे उस समय रधिया सिसक रही थी। रणमल को देखते ही अमिया सहमकर खड़ी हो गई, रधिया की सिसकियाँ और बढ़ गई थीं।

रधिया को देखकर रणमल की आँखें सहसा फैल-सी गईं—मादक सौन्दर्य की साकार प्रतिमा सामने खड़ी थी। वह कुछ देर तक आश्चर्य के साथ रधिया को देखते रहे, फिर अमिया से पूछा, "इसे मार क्यों रही है तू?"

"मारूँ नहीं तो पूजूँ इसे? अपने धनी को छोड़कर उस चाण्डाल सुधाकर के बहकावे में पड़कर यहाँ भाग आई है। मुँहजली कोख में ही क्यों न मर गई!"

रणमल बोले, "अभी यह नासमझ है, पीछे प्यार से समझा देना। आखिर आई तो तेरे पास है! रनिवास का वातावरण तू देख ही रही है। तू अकेली है, यह तेरे साथ रहेगी। सिंहा का भार सँभालना और मेरी देख-भाल करना—तुम दोनों माँ-बेटी यह जिम्मेदारी निभा लोगी।" और फिर आगे बढ़कर उन्होंने रधिया के सिर पर बड़े प्यार से हाथ फेरा, "फूल की तरह कोमल है—बस, अब इसे मारना-पीटना मत।" इसके बाद हँसते हुए वह चले गए।

अमिया सिर से पैर तक सिहर उठी। उसके मन में एक ऐसी भयमिश्रित आशंका जाग उठी, जिसे वह समझ नहीं पा रही थी। फिर भी उसने यह सोचकर अपने को संयत करने का प्रयत्न किया कि वह रधिया को दूसरे ही दिन समझा-बुझाकर मन्दौर भेज देगी। जो कुछ हो रहा था उसका अन्त क्या होगा, इसका उसे पता न था। उसका समस्त जीवन ही दासियों और गोलियों के बीच अपमान सहते व्यतीत हुआ था—यह बात अनायास ही उसके मन में आई। समस्त राजकीय सुख-सुविधा उपलब्ध रहने पर भी यह बात कैसे और क्यों उसके मन में आई, यह एक प्रश्न उठता है—ऐसा प्रश्न जो सदा से अनुत्तरित रहा है और शायद आगे भी अनुत्तरित ही रहेगा।

रणमल के जाने के बाद अमिया ने रधिया के वस्त्र बदले। सिंहा सो गया था, और अमिया के मन में रधिया के प्रति मातृत्व की भावना एकाएक उमड़ आई थी। उसे

रधिया के जीवन को सुखी, सम्मानपूर्ण और सफल बनाना ही होगा। पराई सन्तानों को पालते-पालते वह अब बुरी तरह ऊब उठी थी। वह सोच रही थी कि उसकी बेटी का परिवार बढ़े, वह फूले-फले और उसका पृथक अस्तित्व कायम हो। सोचते-सोचते उसकी ममता उमड़ आई। बड़े प्यार से उसने अपनी बेटी को वक्ष से चिपका लिया।

अमिया के पास कीमती आभूषण थे, वस्त्र थे, अपार धन था। क्या नहीं था उसके पास! फिर भी उसे अनुभव हो रहा था कि वह अपने वर्तमान जीवन से बुरी तरह थक गई है। रधिया का शृंगार करने के बाद वह उसे अपने वक्ष से लगाकर लेट गई और फिर पता ही नहीं चला कि कब उसे नींद आ गई।

एकाएक कुछ शोर सुनकर अमिया की नींद टूट गई। उसने देखा कि रधिया का हाथ पकड़कर रणमल उसे बिस्तर से खींचे लिये जा रहे हैं। तड़पकर अमिया अपने पलँग से चीखती हुई उठी, "उसे कहाँ लिये जा रहे हो—मैं यह नहीं होने दूँगी!"

रणमल ने यह सुनते ही घूमकर अमिया को एक तमाचा मारा, "चुप रह हरामजादी!" और फिर बाहर खड़े अपने एक भृत्य को बुलाकर कहा, "अगर यह चुप न रहे और शोर मचाये तो इसकी भरपूर पूजा कर देना।"

रणमल रधिया को खींचते हुए वहाँ से चले गए। अमिया उधर पागल-सी चीख रही थी, चिल्ला रही थी। वह सुधाकर को गालियाँ दे रही थी, रणमल को गालियाँ दे रही थी। रणमल के भृत्य उसे चुप कराने के लिए कोड़े मार रहे थे, लेकिन उन कोड़ों का मानो उस पर कोई असर ही नहीं हो रहा था। वह तब तक चीखती रही जब तक बेहोश नहीं हो गई। उसी बेहोशी की अवस्था में उसे बिस्तर पर डालकर दोनों भृत्य चले गए।

अमिया की जिस समय बेहोशी टूटी, भोर हो गई थी। रात की समस्त घटनाएँ उसकी आँखों के आगे झूल गईं। लड़खड़ाती हुई वह उठी और फिर जैसे पागलपन का भूत उस पर सवार हो गया। उसने अपनी कटार निकाली और अपने कक्ष से निकलकर वह आचार्य सुधाकर के कक्ष की ओर झपटी। सुधाकर उस समय प्रात: स्नान करके पूजा पर बैठ ही रहे थे कि अमिया ने चिल्लाकर कहा, "क्यों रे नरक के कीड़े! तूने आखिर मेरी बेटी का सर्वनाश कर ही दिया—जा, नरक में जा..." और यह कहते हुए उसने पूरे बल से कटार उनकी पीठ में भोंक दी।

केवल एक चीख, और सुधाकर औंधे मुँह गिर पड़े। अमिया ने बलपूर्वक कटार बाहर खींचकर फिर प्रहार करना चाहा, लेकिन तब तक सुधाकर का प्राणान्त हो

चुका था। सुधाकर का शव देखते ही अमिया का पागलपन एकाएक दूर हो गया। पागलपन का स्थान अब भय ने ले लिया था—ब्रह्महत्या का भय। उसे अनुभव हुआ कि ब्राह्मण की हत्या करके उसने अपने आवेश में एक भयानक पाप कर डाला है। सहमी-सहमी वह अपने कक्ष में वापस आई और फौरन अपने सन्दूक से ढूँढ़कर संखिया की पुड़िया निकाली। राजपरिवारों में रहनेवाली गोलियाँ और दासियाँ उन दिनों छिपाकर अपने पास संखिया रखती थीं। वे अकसर षड्यंत्रों में भाग लेती रहती थीं इसलिए भी ऐसा करना जरूरी था। क्या पता कब जीवन का अन्त कर देने की नौबत आ जाए! तो अब अमिया के लिए यह नौबत आ गई थी। उसने पानी के सहारे संखिया को गले के नीचे उतार दिया।

कुछ ही क्षण बाद एक भयानक जलन उसके शरीर में जाग उठी, मृत्यु के पहले उठनेवाली ज़हर की जलन। वह अपने कक्ष से रनिवास की ओर भागी। रनिवास के द्वार खुल गए थे, इसलिए फाटक पार करके वह सीधे राजमाता गुणवती के कक्ष के सामने पहुँची। गुणवती स्नान करके पूजा पर बैठने जा रही थी। अमिया को देखकर एक दासी ने उसे अन्दर जाने से रोका तो वह चिल्लाकर बोली, "क्यों रोक रही हो मुझे? मैं तो हमेशा के लिए इस पापी दुनिया से जा रही हूँ...हमेशा के लिए!" और वह जबर्दस्ती कक्ष में घुसकर बोली, "बेटी, मैं चली...हमेशा के लिए!" वह हरामजादा सुधाकर कल मन्दौर से रधिया को बहका लाया था...और मैं अभी... अभी उसी राक्षस की हत्या करके आ रही हूँ। मुझ पर ब्रह्महत्या का पाप लग गया है...मैंने संखिया खा ली है...।"

गुणवती ने चिल्लाकर अपनी दासियों से कहा, "राजवैद्य को जल्दी बुलाओ, जल्दी..." और फिर वह अमिया की ओर घूमी, "इतना सब हो गया..." मगर इसके पहले कि गुणवती और कुछ कहे, अमिया बोली, "बेटी, बचा अपने को और अपने बेटे को इस राक्षस से! तेरा बाप तेरे बेटे ही हत्या कर डालेगा, सिंहा को यहाँ की गद्दी पर बिठाने के लिए..." और यह कहते-कहते अमिया लड़खड़ाकर जमीन पर गिर पड़ी। उसकी जीभ ऐंठ रही थी, मुँह से झाग आ रहा था।

रनिवास में एक हलचल-सी बच गई। गुणवती के सामने सहसा एक नग्न और अत्यन्त भयानक सत्य प्रकट हो गया था।

अमिया बुरी तरह छटपटा रही थी। राजवैद्य को आने में कुछ समय लगा। आते ही उन्होंने अमिया की परीक्षा की, फिर सिर हिलाकर बोले, "जहर का पूरा

असर हो गया है इस पर...यह मर रही है।" और सचमुच कुछ ही क्षणों में उसकी छटपटाहट जाती रही—वह मर चुकी थी।

गुणवती ने दासियों से कहा, "इसे इसके कक्ष में बिस्तर के नीचे डाल आओ और...नहीं, जाकर इसकी आत्महत्या की सूचना मेरे पिता को दे दो।"

रधिया भोर होते ही अमिया के कक्ष में पहुँचा दी गई थी, जहाँ वह गहरी नींद में सो गई। उसे पता ही नहीं था कि उस भोर क्या-क्या हो गया था। इधर अमिया की आत्महत्या की सूचना तत्काल रणमल को दे दी गई। सूचना पाकर रणमल अवसन्न रह गए। यहाँ तक हो जाएगा, इसकी उन्होंने कल्पना नहीं की थी। सूचना लानेवाली दासी से उन्होंने पूछा, "सिंहाजी कहाँ हैं?"

"वह अपने कक्ष में रूपा दासी की देखरेख में हैं, अमिया रात में सिंहाजी के पास गई ही नहीं।" दासी ने कहा।

"सिंहा को उसके कक्ष से मत निकलने देना अभी कुछ समय तक।" रणमल ने यह कहा ही था कि तभी उन्हें आचार्य सुधाकर की हत्या की सूचना भी मिली। उन्हें यह भी बताया गया कि अमिया की कटार सुधाकर के पास पड़ी हुई मिली है।

समस्त वस्तु-स्थिति रणमल की समझ में आ गई। अमिया ने सुधाकर की हत्या करके स्वयं आत्महत्या कर ली थी। एकाएक रणमल के अन्दर का हिंस्र पशु जाग उठा। उन्होंने कहा, "तो वह अधम-पापी ब्राह्मण भी गया! उसकी लाश को चित्तौड़गढ़ की प्राचीर के बाहर फेंक दो—गिद्धों के भोजन के लिए। ब्रह्मराक्षस बनकर वह भी गढ़ की रखवाली करेगा!" और अपने इस क्रूर मज़ाक पर वह देर तक हँसते रहे। फिर संयत होकर उन्होंने कहा, "उस हरामजादी की लाश को लावारिस की तरह फुँकवा दो। सिंहा की देखरेख का भार अब रधिया और रूपा मिलकर सँभालेंगी।"

अमिया गई, उसके स्थान पर रधिया आ गई थी। उस अभागी अमिया के लिए रणमल के हृदय में न किसी तरह का मोह, न किसी तरह का दर्द! और जहाँ तक आचार्य सुधाकर का प्रश्न था, रणमल को यह अनुभव हो रहा था कि उन्हें पाप-मार्ग पर अग्रसर करने में सुधाकर की भी प्रेरणा थी। उसकी मृत्यु पर न उन्हें खेद था, न परिताप!

लेकिन रधिया? वह अवसन्न हो उठी सहसा—कहीं गहरे में उसका हृदय बुरी तरह हिल उठा था।

राजपरिवारों में दासी के अस्तित्व को जैसे कभी स्वीकारा ही नहीं गया। वह

तो महज प्राणहीन काया ही समझी जाती रही। दासियों के लिए अपनी भावना का प्रदर्शन वर्जित माना जाता रहा। रधिया की माता की मृत्यु इसी भावना के प्रदर्शन का दुष्परिणाम थी। रधिया यह जान चुकी थी और इसीलिए एक अन्दर से दहकते मगर सुप्त ज्वालामुखी की भाँति अमिया का दायित्व उसने अपने ऊपर ले लिया था।

अमिया जाते-जाते राजमाता गुणवती के अन्तर में एक भयानक उथल-पुथल पैदा कर गई। रणमल के छल-कपट और झूठ के व्यवहार ने उसकी चेतना को कुहासे की भाँति पूरी तरह से दबा रखा था। वही कुहासा सहसा फट गया। गुणवती पर अब यह स्पष्ट हो गया कि उसका पिता उसके पुत्र के रक्षक के रूप में भक्षक है तथा वह एक भयानक इरादा लेकर चित्तौड़ में बैठा हुआ है। दिन-भर तो वह सोचती-विचारती रही मगर संध्या समय अपना समस्त साहस बटोरकर रणमल के पास गई। रणमल उस समय अपने मुसाहिबों से घिरे बैठे थे। गुणवती ने बात आरम्भ की, "अमिया तो चली गई, सिंहाजी की देखभाल अब कौन करेगा?"

रणमल को उस समय गुणवती का आना अच्छा नहीं लगा, गुर्राकर बोले, "रधिया आ गई है।"

"मैं समझती हूँ कि आपको और सिंहाजी को यहाँ आए हुए एक लम्बा अरसा हो चुका है..." तभी रणमल ने उसकी बात काटी, "और तू यह कहने आई है कि हम लोग चित्तौड़ से चले जाएँ। तो अब साफ-साफ सुन ले, इस समय मेवाड़ का शासक मैं हूँ—मैं! मेरे मरने के बाद ही यह प्रश्न उठेगा कि मेवाड़ का शासक सिंहाजी हैं या मुकुलजी हैं—मेवाड़ पर राठौरों का शासन है या सिसौदियों का! और आज मैंने तुझे अन्तिम चेतावनी दे दी है कि भविष्य में मेरे किसी काम में हस्तक्षेप करने का दुस्साहस मत करना। रघुदेव का अन्त तूने देख ही लिया है। अब मैं अपने नाती के खून से अपने हाथ नहीं रँगना चाहता। इन दिनों रघुदेव के सूतक के कारण मुकुलजी दरबार में नहीं आ रहे हैं, सूतक हट जाने पर भी वह दरबार में नहीं आएँगे। सिंहा भी दरबार में नहीं आएगा, इसकी व्यवस्था मैं किये देता हूँ। दरबार अब होगा मेरा, रणमल का, जो चित्तौड़ का असली शासक है। बस, अब चली जा और आगे जो कुछ भी करना वह अच्छी तरह सोच-समझकर करना।"

अपने पिता के इस भयानक रूप को गुणवती ने पहले कभी नहीं देखा था। इस रूप के सम्बन्ध में यद्यपि बाल्यकाल में उसने समय-समय पर कुछ उड़ती-उड़ती-सी बातें सुनी अवश्य थीं, लेकिन आज उसने प्रत्यक्ष देख लिया। वह सहम उठी

और चुपचाप पराजित-सी सिर झुकाए रनिवास की ओर चली गई। लेकिन वह चुप बैठनेवाली नारी नहीं थी। वह छत्राणी थी और उसी रणमल का रक्त उसमें प्रवाहित हो रहा था जिसका असली रूप देखकर वह लौटी थी। रनिवास में आकर उसने मुकुलजी की धाय मानवती को बुलाकर पूछा, "राणाजी कहाँ हैं?"

"मेरे कक्ष में हैं, ले आऊँ उन्हें?"

"नहीं। लेकिन याद रख, अब वह तेरी दृष्टि से जरा भी ओझल न होने पाएँ। पाँच सशस्त्र छत्राणियाँ उनकी रक्षा करने के लिए तेरे इर्द-गिर्द रहेंगी—राणाजी पर किसी तरह के प्रहार की आशंका होने पर तत्काल मुझे खबर दी जाए, चाहे जहाँ या जिस अवस्था में मैं रहूँ।"

कुछ दुखी स्वर में मानवती बोली, "मैंने न जाने कितनी बार सरकार से यह आशंका व्यक्त की, लेकिन मेरी बात पर तो आपने कभी ध्यान ही नहीं दिया। देवता सरीखे चूण्डाजी पर अविश्वास करके आपने यह विपत्ति स्वयं बुलाई है।"

एक ठंडी साँस लेकर गुणवती बोली, "विपत्ति बुलाई है तो विपत्ति दूर भी करूँगी। जा, थोड़ी देर में अँचली को मेरे पास भेज देना।"

मानवती के जाते ही गुणवती कागज-कलम लेकर बैठ गई। उसने लिखा:

"कुँवरजी! मुझे क्षमा करो। मैं निर्बुद्धि नारी—अपने राक्षस पिता के छल-कपट और बहकावे में आकर मैंने देवता पर अविश्वास ही नहीं किया, उसका निरादर भी किया। यह अब राणाजी के प्राण लेने पर तुल गया है। कब इसका प्रहार होगा, नहीं कहा जा सकता। अविलम्ब आकर अपने भाई के प्राणों की रक्षा करो—तुम्हारे चरणों पर मस्तक रखकर विनय करती हूँ। तुमने मुझे वचन दिया था।"

और गुणवती ने उस पत्र पर अपनी मुहर लगा दी।

राजभवन में उस दिन जो-जो हुआ था झँवर और सुमेर को उसकी सूचना देकर तथा अपने भील साथियों की खोज-खबर लेकर अँचली कुछ देर पहले ही नगर से राजभवन लौटी थी। मानवती से सूचना पाकर वह तुरन्त राजमाता के समक्ष उपस्थित हुई। उसके आते ही राजमाता ने वह पत्र एक रोशमी थैली में बन्द करके अँचली को दिया और कहा, "झँवरजी से कहो कि वह स्वयं कल सुबह कैलवाड़ा जाकर यह पत्र चूण्डाजी को दे दें।"

उन्नीसवाँ परिच्छेद

मनुष्य की स्मृति का न कोई विधान है, न कोई नियम है। स्मृति अतीत से जुड़ी हुई संज्ञा है जो विगत है, हमारा जीवन वर्तमान में स्थित है जो प्रत्येक क्षण अतीत में लोप होता जा रहा है, भविष्य का रूप ग्रहण करता जा रहा है। इस वर्तमान के धरातल पर ही तो भविष्य की परिकल्पना होती है। भविष्य अज्ञात है, अतीत विस्मृति के गर्त में डूबता जा रहा है।

मेवाड़ के राणा लाखा के महत्त्वपूर्ण योगदान को स्वयं मेवाड़ के निवासी प्रायः भूलते जा रहे थे, बहुत तेजी के साथ; लाखा के पूर्वजों को लोग बहुत पहले भूल चुके थे। मेवाड़ के शासन-तंत्र से असम्बद्ध होने के कारण कुँवर चूण्डाजी वर्तमान में स्थित होते हुए भी, वर्तमान से हटकर अतीत की स्थिति में लौटते जा रहे थे। लेकिन वह नियति के क्रम में अनजाने ही भविष्य की रचना में संलग्न थे।

मेवाड़ के राणा मुकुलजी को तो जैसे चित्तौड़ का जन-साधारण भूलता ही जा रहा था। वर्तमान अब केन्द्रित हो रहा था राव रणमल में, मेवाड़ का शासनसूत्र जिसके हाथ में पूरी तौर से आ गया।

राणा मुकुलजी अपने ही राजभवन में बन्दी का जीवन बिता रहे थे। बहुत कम लोगों को इस बात का पता था कि राजभवन में क्या-क्या हो रहा है। कुशल प्रशासक, अतिशय क्रूर और निरंकुश छल-कपट और मक्कारी में निपुण राव रणमल के हाथ में मेवाड़ की सत्ता होने के कारण लोग किसी तरह की रिक्तता का अनुभव नहीं

कर रहे थे—बाहर से सबकुछ शान्त, सुव्यवस्थित! चित्तौड़ की आन्तरिक व्यवस्था से रणमल निश्चिन्त थे, चित्तौड़ नगर के बाहर मेवाड़ के अन्य क्षेत्रों की चिन्ता उन्हें अवश्य थी। चित्तौड़ के फाटक पर पचास भट्टियों के अलावा चुने हुए सौ राठौर सैनिक उन्होंने नियुक्त कर रखे थे जो दिन-रात तैयार रहते थे। फाटक के बाहर उन्होंने दस गुप्तचर लगा दिये थे जिनके पास तेज घोड़े थे और जो किसी भी बाहरी आक्रमण की सूचना तत्काल दे सकते थे, जिससे गढ़ का फाटक उसी समय बन्द कर दिया जाए।

दूसरे दिन प्रातःकाल ही अँचली सुमेर के भवन में गई और झँवर से मिली। झँवर मानो अँचली की प्रतीक्षा कर रहा था। उसे चूण्डा के नाम गुणवती का पत्र देते हुए अँचली ने कहा, "राजमाता सरकार ने महाराज के नाम यह पत्र भेजा है। आज सप्तमी है, परसों महाराज कैलवाड़ा पहुँच जाएँगे। इसलिए तुम कल प्रातःकाल ही कैलवाड़ा के लिए रवाना हो जाओ। महाराज के वहाँ पहुँचते ही यह पत्र तुम उन्हें दे देना।"

झँवर ने पूछा, "राजमाता ने कुछ कहलवाया भी है?"

"नहीं कहलवाया कुछ नहीं है—केवल यह पत्र भिजवाया है।" और अँचली ने सुधाकर की हत्या तथा अमिया की आत्महत्या का विवरण सुनाते हुए कहा, "राजमाता का नया रूप देखकर मुझे डर लगता है—वह अचानक बदल गई हैं। राजभवन और रनिवास में अन्दर-ही-अन्दर बहुत जल्दी ही कुछ भयानक होनेवाला है—ऐसा मुझे लगता है।"

सिर हिलाते हुए झँवर बोला, "महाराज की शंका निर्मूल नहीं थी जो उन्होंने हम लोगों को यहाँ भेजा है। मैं अपने बड़े भाई को सावधान किये देता हूँ। उनके दो सौ सैनिक यहाँ चित्तौड़ में हैं। राजमाता से कह देना कि विपत्ति के समय तीन बार दस-दस पल के बाद तुरही का घोष करवा दें, जिसे सुनते ही मेरे भाई अपने सैनिकों के साथ रनिवास की रक्षा के लिए पहुँच जाएँगे।" फिर कुछ रुककर वह बोला, "कल प्रातःकाल मैं कैलवाड़ा के लिए प्रस्थान कर दूँगा। कोई और सन्देसा भेजना हो तो आज संध्या तक बतला देना। मैं प्रयत्न करूँगा कि दशमी तक महाराज का सन्देसा लेकर आ जाऊँ। दशमी के दिन महाकालेश्वर के मन्दिर में संध्या समय मैं तुझसे मिलने का प्रयत्न करूँगा। और राजमाता से यह कहना न भूलना कि सामन्त सुमेर राणाजी की रक्षा करने के लिए हर समय तैयार हैं।"

नवमी के दिन चूण्डाजी अपने परिवार के साथ कैलवाड़ा पहुँच गए। अपने चुने हुए सौ सैनिक उन्होंने छोटी-छोटी टुकड़ियों में पहले ही कैलवाड़ा की ओर भेज दिये थे, जिससे रणमल के गुप्तचरों को किसी भी खतरे का आभास न होने पाए। कैलवाड़ा में शोक, निराशा और घुटन का वातावरण छाया हुआ था। रघुदेव की विधवा और उनके दो छोटे-छोटे बच्चे, रघुदेव के नौकर-चाकर, उसके कुछ सैनिक—सभी जैसे किंकर्तव्यविमूढ़ थे। चूण्डा के कैलवाड़ा पहुँचते ही वहाँ फिर से रुदन और हाहाकार का वातावरण छा गया। रघुदेव की विधवा बिलखकर रो पड़ी। बच्चे रो रहे थे—रघुदेव के नौकर-चाकर भी आँखों में आँसू भरे चुपचाप खड़े थे। यह सब देखकर चूण्डा का रक्त खौल उठा। लेकिन वह अवसर शोक का था, क्रोध का नहीं। उसके भाई की आत्मा को सद्गति प्राप्त हो, उसे शान्ति मिले—इसका उन्हें ध्यान था। अपने भाई के परिवार से मिलकर वह बाहर निकले, जहाँ झँवर उनकी प्रतीक्षा कर रहा था। गुणवती का पत्र उसने चुपचाप चूण्डा को दे दिया।

चूण्डा ने पत्र को पढ़ा और जैसे अपने-आपसे कह उठे, "हुँः, तो अन्त में मुझे बुलाना ही पड़ा।" फिर झँवर से उन्होंने पूछा, "तत्काल किसी अनिष्ट की सम्भावना तो नहीं दिखाई देती है तुम्हें?"

झँवर ने हाथ जोड़कर कहा, "अगर इस बीच रनिवास में कुछ हुआ तो सामन्त सुमेर अपने दो सौ सैनिकों के साथ तुरन्त वहाँ पहुँच जाएँगे। वैसे तत्काल कुछ हो जाने की सम्भावना नहीं दिखती, फिर भी निश्चयपूर्वक कुछ नहीं कहा जा सकता।"

चूण्डा बोले, "ठीक कहते हो, दूसरों की असावधानी का ये लाभ उठाते हैं।" इतना कहकर उन्होंने एक बार फिर गुणवती का पत्र पढ़ा। फिर पूछा, "चित्तौड़ की आन्तरिक स्थिति इस समय क्या है?"

"नगर में पूर्ण शान्ति है, प्रजा में किसी तरह का विक्षोभ और विरोध नहीं है।" यह कहते हुए झँवर ने राजभवन और रनिवास के सम्बन्ध में अँचली से जो कुछ मालूम हुआ था वह सब भी बता दिया। इस समय तक चूण्डा के मुख पर छाये तनाव ने संयम की सीमा तोड़ दी थी। उन्होंने बुदबुदाते हुए स्वर में, जिसे झँवर भी सुन-समझ न पाए, अपने आपसे कहा, "निर्बुद्धि और हठी नारी! इतना सब हो चुका, और तू अब चेती है। उस चाण्डाल ने अपना शिकंजा कस लिया है।" और एकाएक उनका हाथ उनकी तलवार की मूठ पर जा पड़ा, लेकिन फिर ठठाकर हँस पड़े—एक विचित्र-सी हँसी, "आज तक मैंने अपना वचन निबाया है, आगे भी मैं

अपने वचन निबाहूँगा! मेरे वचनों का मूल्य मेरे प्राणों से अधिक है।"

और एकाएक वह शान्त हो गए। वह शान्ति ठीक वैसी थी जैसी भयानक झंझावात के पहले वातावरण में आ जाया करती है। उन्होंने नपे-तुले शब्दों में कहा, "त्रयोदशी के दिन ही रघुदेव की 'तेरही' है और ठीक पूर्णिमा के दिन मैं चित्तौड़ में प्रवेश करूँगा, अपने सौ सैनिकों के साथ।"

कुछ आश्चर्य के साथ झँवर ने कहा, "चित्तौड़ के फाटक पर पचास भट्टी गढ़रक्षकों के अलावा सौ राठौर सैनिक तैनात कर दिये गए हैं। और जहाँ तक मुझे पता है, चित्तौड़ में इस समय राव रणमल के दो हजार से अधिक सामन्त और सैनिक मौजूद हैं।"

लापरवाही के साथ चूण्डा बोले, "मुझे भी इसका अनुमान है। मैं संध्या के एक घड़ी बाद आक्रमण करूँगा जब रात हो जाएगी। वे बीस अहेरिये कहाँ हैं जिन्हें मैंने तेरे साथ भेजा था?"

"वे सब भट्टी गढ़रक्षकों के चाकरों के रूप में गढ़ के फाटक के पास ही रहते हैं।"

"ठीक है। उन्हें सन्देसा दे देना कि पूर्णिमा की संध्या के समय वे सब गढ़ के फाटक के पास ही रहें। अँचली से कहा देना कि अब उसके सक्रिय सहयोग की मुझे आवश्यकता होगी। नगर में संध्या समय कार्तिकी पूर्णिमा का उत्सव मनाने के लिए अँचली का नृत्य आरम्भ हो, ठीक चन्द्रमा के उदय के समय भीलों का यह दल उत्सव मनाता हुआ गढ़ के फाटक पर पहुँच जाए, मानो वह चित्तौड़ से बाहर जाने की तैयारी में आया हो। भीलों के दल के साथ दर्शकों के रूप में तेरे सैनिक और सुमेर के भी कुछ सैनिक साधारण नागरिकों के रूप में रहें। मैं चन्द्रोदय के एक घड़ी बाद ही अपने सैनिकों के साथ फाटक पर पहुँच जाऊँगा। तुरही और नगाड़ों का स्वर सुनते ही तुम लोग भट्टियों पर आक्रमण कर देना, और उसी समय अहेरिये गढ़ का फाटक खोल दें। मेरे आदेश को अच्छी तरह से समझ लो।"

सिर झुकाकर झँवर बोला, "महाराज के आदेशों का अक्षरशः पालन होगा। और कोई आज्ञा?"

चूण्डा की आँखें उस समय जल रही थीं, "राजमाता से कहला देना कि पूर्णिमा की रात विश्राम की नहीं, मृत्यु के ताण्डव की रात होगी। वह तैयार रहें। तुम सूर्योदय होते ही चित्तौड़ के लिए चल दो।"

एकादशी के दिन झँवर मध्याह्न के समय महाकालेश्वर मन्दिर के मुख्यद्वार पर पहुँचा। अँचली वहाँ उसकी प्रतीक्षा कर रही थी। बड़ी उत्सुकता के साथ उसने पूछा, "महाराज कुशलपूर्वक तो हैं? राजमाता के लिए उन्होंने कोई पत्र भेजा है?"

चूण्डा के लिए अँचली की उत्सुकता देखकर झँवर मुस्कराकर बोला, "महाराज स्वस्थ हैं। उन्होंने कोई पत्र नहीं भेजा। केवल इतना कहा है कि पूर्णिमा की संध्या में वह चित्तौड़ आएँगे।" और तब झँवर ने अँचली को विस्तार के साथ चूण्डाजी के आदेश सुना दिये।

अँचली जैसे खिल उठी, "महाराज के युद्ध-अभियान में मुझे भी योग देना है, मेरे धन्य भाग! महाराज की सेवा में मुझे अपने प्राण देने पड़ें—यह मेरी आन्तरिक कामना है।"

अँचली को क्या पता था कि वह स्वयं अपने लिए भविष्यवाणी कर गई उस समय।

रनिवास पहुँचकर अँचली ने राजमाता गुणवती से सब बातें बता दीं। सबकुछ सुनकर गुणवती एक संकल्प के साथ बोली, "पूर्णिमा! आज एकादशी है—कुल चार दिन! चार दिन!"

अँचली बोली, "राजमाताजी! कल प्रातःकाल मैं रनिवास से जा रही हूँ, अपने भील साथियों के पास!"

"ठीक है। कल प्रातःकाल तू चली जा। पूर्णिमा की रात को मैं अपनी छत्राणियों के साथ चूण्डाजी की प्रतीक्षा करूँगी।"

अँचली के जाते ही गुणवती ने चूण्डा की मानसिक प्रतिमा के सामने बड़ी श्रद्धा-भक्ति के साथ अपना मस्तक नवा दिया।

उधर अमिया की आत्महत्या के बाद राव रणमल के अन्दर का राक्षस पूर्ण रूप से जाग उठा था। भयानक रूप से हिंस्र और क्रूर हो उठे थे वह। लेकिन इस सबके ऊपर उभर आई थी उनके अन्दरवाली काम-लिप्सा। चित्तौड़ की व्यवस्था पर वह अपना नियंत्रण औपचारिक रूप से ही रखते थे। वह सब तो उन्होंने अपने राठौर सरदारों के हाथों में सौंप दिया था। उन सरदारों का प्रमुख था बीजा, और वह चित्तौड़ में राठौरों का जाल कसता जा रहा था।

राधा या रधिया! अमिया से उत्पन्न रणमल की ही पुत्री! लेकिन रणमल मनुष्य न रहकर पूर्ण रूप से पशु बन चुके थे।

और रधिया! अजीब तरह से डरी हुई, सहमी हुई! अन्दर-ही-अन्दर एक भयानक घुटन लिये हुए, किन्तु ऊपर से वह अत्यन्त शान्त दिखती थी। उसकी माता ने उसके ही कारण आत्महत्या कर ली थी। लावारिस की तरह उसका शव जला दिया गया था। किसी तरह का शोक नहीं मनाया गया उसके लिए! सिवा उसके शोक मनानेवाला था भी कौन! लेकिन उसे तो शोक मनाने का अवसर ही नहीं दिया गया। उसके अन्दरवाली घुटन की तह में उसकी रणमल के प्रति घोर घृणा और प्रतिशोध की भावना छिपी हुई थी।

पूर्णिमा के दिन प्रातःकाल ही उठकर गुणवती ने स्नान और पूजन किया, फिर वह अपनी छत्राणियों को आवश्यक आदेश देकर उत्सुकता के साथ सायंकाल की प्रतीक्षा करने लगी। और उधर अँचली अपने भील साथियों को लेकर अपराह्न के समय अपने नृत्य का प्रदर्शन करने के लिए निकल पड़ी।

अँचली उस दिन अनुपम श्रृंगार किये हुए थी। एक लम्बे समय से उसने चूण्डा को नहीं देखा था। अपने देवता के दर्शनों की ललक थी उसके प्राणों में। वह रंग-बिरंगे वस्त्र पहने हुए थी, आँखों में काजल, मुख पर लेप! जूड़ा कसा हुआ। पीठ पर तीरों से भरा तरकस, हाथ में धनुष! वह नाच रही थी और उसके भील साथी गा रहे थे। अँचली का अपूर्व और सुन्दर नृत्य देखने के लिए बाजार में भीड़ उमड़ पड़ी थी। उसी भीड़ में झँवर के साथ आए हुए तथा सुमेर द्वारा भेजे हुए सौ सैनिक साधारण नागरिकों के वेश में सम्मिलित थे।

शीतकाल की हलकी सर्दी, सूर्यास्त होते ही बाजार बन्द होने लगे थे। और यह दल नाचता-गाता हुआ चित्तौड़गढ़ के फाटक की ओर बढ़ा जा रहा था।

सूर्यास्त होते ही गढ़रक्षक भट्टियों ने गढ़ का फाटक बन्द कर दिया और निश्चिन्त होकर भाँग छानने की तैयारी करने लगे। पूर्णिमा का चाँद पूर्वी क्षितिज पर उभर आया था, एक धुंध में लिपटा हुआ, कुछ सहमा-सहमा-सा। भट्टी सरदार भद्रा ने चन्द्रमा की ओर देखते हुए कहा, "चन्द्रमा का यह रूप सुन्दर होने के बदले आज भयानक-सा लग रहा है। लक्षण शुभ नहीं दिख रहे हैं, शायद चित्तौड़ में ही कुछ अनिष्ट होनेवाला है।" और इसके पहले कि इस विषय पर बात अधिक बढ़ती, उन लोगों को भीलों का संगीत सुनाई दिया। वह हँसकर बोला, "चित्तौड़ से बाहर जा रहे होंगे ये लोग, और यहाँ फाटक बन्द हो चुका है।" इतना कहकर भाँग का लोटा चढ़ा गया। फिर उसे नाचती हुई अँचली दिखी, वह बोला, "अरे,

ये लोग तो वही भील हैं जो कुछ दिन पहले चित्तौड़ आए थे। इनके पीछे-पीछे यह भीड़ कैसी? क्या ये लोग इन्हें चित्तौड़ से जबर्दस्ती निकालने के लिए इनका पीछा कर रहे हैं? इस भीड़ से रुकने को कहो और उस भीलनी को यहाँ बुलाओ।"

अँचली का उस दिनवाला रूप देखकर भद्रा दंग रह गया। वह उसके सौन्दर्य पर मुग्ध हो गया। उसने पूछा, "क्या यह भीड़ तुम्हें यहाँ से जबर्दस्ती निकालने के लिए आई है?"

आँखें नचाते हुए अँचली बोली, "मुझे क्यों निकालेंगे ये लोग? ये लोग तो मुझे जबर्दस्ती रोक रहे हैं। आज मेरा नाच देखकर इनका जी ही नहीं भर रहा है।"

शरारत की मुद्रा के साथ भद्रा बोला, "बात तो इन्हीं की रहेगी, गढ़ का फाटक बन्द हो चुका है, कल सुबह खुलेगा।" और वह फिर बोला, "उस दिन फिर आने का वादा कर गई थी, लेकिन आई नहीं! रावजी को अपना नाच नहीं दिखाएगी? आज रुक जा, मैं कल रावजी के सामने तुझे उपस्थित करूँगा।"

इठलाती हुई अँचली बोली, "राजमाताजी ने मेरा नाच देखा है—रनिवास में उन्होंने मुझे रोक रखा था।" फिर उस भीड़ की ओर संकेत करते हुए उसने कहा, "मुझे चाहनेवालों की यह भीड़ देख रहे हो? मुझे रावजी की बख्सीस नहीं चाहिए। शीत ऋतु आ गई है, अब हम लोग जंगलों में अपने घर जा रहे हैं। रात में आग जलाकर तापेंगे, दिन में शिकार करेंगे।" और अँचली ने तरकस से एक तीर निकालकर अपने धनुष पर चढ़ाया और फिर उसे अपने हाथ में ले लिया।

भद्रा ने एक भद्‌दा और फूहड़ मज़ाक किया, "अरे शिकार के लिए तरकसवाले तीर की क्या आवश्यकता है, तेरे नयन-बाण ही क्या कम हैं! फाटक तो अब कल प्रात:काल ही खुलेगा, इसलिए रात में यहीं फाटक के पासवाली किसी कोठरी में रुक जाओ—कल सुबह चली जाना। आज पूर्णिमा की चाँदनी में हम लोगों को भी अपना नाच दिखा दो।"

आत्मसमर्पण के भाव से अँचली बोली, "अच्छी बात है!" और भीड़ की ओर घूमकर उसने कहा, "जी भरकर देख लो मेरा नाच—तुम्हारा ही हठ रह गया।" और उसने अपने साथवाले भीलों को संकेत किया। भीलों के वाद्ययंत्र बज उठे, अँचली ने अपना नृत्य आरम्भ कर दिया।

वह मानो अपनी कल्पना में सामने खड़े हुए अपने देवता चूण्डाजी के सामने नृत्य कर रही थी। हाथ में धनुष, और धनुष पर बाण! विद्युत की तड़पवाली गति!

उसका जूड़ा खुलकर दो वेणियों में विभक्त हो गया था और नागिनों की भाँति लहराने लगीं उसकी वेणियाँ! किसको क्या पता था, शायद अँचली की बहिर्चेतना को भी नहीं, कि वह काल-नृत्य नाच रही है। समस्त गढ़रक्षक भट्टी और फाटक पर नियुक्त राठौर सैनिक अपने अस्त्रों को रखकर विश्राम की मुद्रा में थे, लेकिन अब वे उस नृत्य को देखने के लिए उमड़ पड़े। अँचली के साथ जो भीड़ आई थी वह भी इनकी भीड़ में मिल गई थी। कितनी देर तक यह नृत्य चलता रहा, किसी को भी इसका पता नहीं लगा। लोगों का ध्यान तब टूटा जब फाटक के बाहर से तुरही और नगाड़ों का स्वर सुनाई पड़ा।

चौकन्ना होकर भद्रा ने फाटक की ओर देखा, भट्टी भी तत्काल सजग-सचेत हो गए। तभी अचानक एक तीर अँचली के धनुष से निकला और भद्रा की छाती में घुस गया। जब तक भट्टी सँभलें तब तक अँचली के साथवाली भीड़ के लोगों ने अपनी-अपनी तलवारें खींच लीं और निःशस्त्र राठौरों एवं भट्टियों पर टूट पड़े। इधर यह सब हो रहा था, उधर भट्टियों के चाकरों के रूप में जो अहेरिए थे उन्होंने गढ़ का फाटक खोल दिया।

फाटक के खुलते ही चूण्डा ने अपने सौ घुड़सवार सैनिकों के साथ गढ़ में प्रवेश किया। इन लोगों के हाथों में नंगी तलवारें थीं। बात-की-बात में दोनों दलों ने फाटक पर नियुक्त राठौरों और भट्टियों का सफाया कर दिया।

इसके पहले कि नगर में फैले हुए रणमल के सैनिक सँभलें, चूण्डा को राजभवन पहुँचकर राव रणमल तथा उसके सरदारों का काम तमाम कर देना था। उन्होंने अँचली को कृतज्ञता की दृष्टि से केवल देखा भर, और वे अपने सैनिकों के साथ राजभवन की ओर टूट पड़े।

चारों ओर एक कोलाहल मच गया। रणमल के दरबारवाले कक्ष में कुसुम्मा के बाद मदिरा का दौर चल रहा था, और रणमल अपना दरबार समाप्त करके कुछ ही देर पहले रधिया के साथ शयन-कक्ष में चले गए थे।

राजभवन में बहिर्कक्ष पर नियुक्त प्रायः पच्चीस सशस्त्र राठौर सैनिकों का पहरा था। चूण्डा के सैनिकों ने उनका सफाया किया और चूण्डा अपने कुछ सरदारों को साथ ले दरबार-कक्ष में घुस गया। वहाँ बीजा उसका रुद्र रूप देखकर कोई प्रतिक्रिया व्यक्त करे—इसके पहले ही चूण्डा के एक भरपूर वार ने उसका सिर धड़ से अलग कर दिया था। पलक मारते ही दरबार में उपस्थित समस्त सरदारों के

शव भूमि पर लोटने लगे। चूण्डा ने देखा कि राव रणमल वहाँ नहीं थे।

राव रणमल तो उस समय अपने शयन-कक्ष में रधिया के साथ थे। वह कुसम्मा के खुमार में बेहोश लेटे थे। अचानक राजभवन में शस्त्रों की झनझनाहट सुनी तो उनके भृत्य यह देखने के लिए बाहर भागे कि वहाँ क्या हो रहा है। दरबार-कक्ष में उस समय भी राठौर सरदारों का वध हो रहा था, इसलिए डरकर वे भीतर भाग आए और रणमल के कक्ष को उन्होंने बन्द कर दिया।

रधिया ने भी यह सब देखा और सुना। एकाएक उसको न जाने क्या सूझा। उसने रणमल की पगड़ी उठाई। राजस्थान के राजकुलों में पहने जानेवाली वह लम्बी पगड़ी, उसने उसी से बेहोश पड़े रणमल को पलँग से कसकर बाँध दिया। उधर राठौर सरदारों को समाप्त करके चूण्डाजी हाथ में रक्त से रँगी तलवार लिये हुए रणमल के शयन-कक्ष की ओर बढ़े आ रहे थे।

एकाएक रणमल की बेहोशी टूटी, उन्होंने विस्फारित नयनों से रधिया की ओर देखा और रधिया ने उनके मुँह पर थूक दिया। घृणा, असीम घृणा का दबा हुआ विस्फोट था वह! और अब रणमल को अनुभव हुआ कि वह अपने पलँग से बँधे हुए हैं।

रधिया को गालियाँ देते हुए अपने को बन्धन-मुक्त करने के लिए उन्होंने हाथ-पैर मारने आरम्भ किये। तभी उनके शयनकक्ष का द्वार खुला और उन्होंने देखा कि हाथ में नंगी तलवार लिये हुए चूण्डाजी उनके शयनकक्ष में प्रवेश कर रहे हैं। चूण्डा की तलवार तो रक्त से रँगी हुई थी ही, उनके वस्त्र भी रक्त से रँग गए थे।

रणमल के मुख से निकला, "तुम!"

"हाँ मैं, तुम्हारा काल!"

बल लगाकर राव रणमल ने पलँग को झटक दिया। अपनी कमर से बँधी हुई कटार तेजी के साथ निकाली और चूण्डा के वक्ष को लक्ष्य कर फेंक दी।

रणमल का निशाना अचूक होता है, यह सर्वविदित था और चूण्डा इस प्रहार के प्रति सचेत नहीं थे। लेकिन चीख चूण्डा के मुख से नहीं, अँचली के मुख से निकली।

अँचली गढ़ के फाटक से ही हरिणी की छलाँगें भरती हुई छाया की भाँति चूण्डा के साथ लग गई थी। रणमल के कटार फेंकते ही वह चूण्डा का कवच बनकर बिजली की तरह रणमल और चूण्डा के बीच में आ गई थी, कटार उसके वक्ष में धँस गई।

चूण्डा ने आगे बढ़कर उसी समय रणमल पर अपनी तलवार का भरपूर वार किया; रणमल का सिर धड़ से अलग होकर भूमि पर गिर पड़ा और रक्त का फौव्वारा फूट निकला। चूण्डा को अँचली की याद थी, उन्होंने घूमकर देखा। वक्ष में धँसी कटार की मूठ पकड़े हुए अनिमेष दृगों से वह उनकी ओर देखे जा रही थी, लेकिन उसके मुख पर असह्य पीड़ा की ऐंठन थी।

चूण्डा ने दौड़कर अँचली को सँभाला और उस स्पर्श से अँचली जैसे पुलक उठी हो, उसने कहा, "मुझे भूमि पर लिटा दो महाराज!"

चूण्डा ने अँचली को भूमि पर लिटा दिया। अँचली बोली, "अपने चरणों पर मेरा मस्तक रख दो महाराज, और कटार मेरे वक्ष से निकाल दो—असह्य पीड़ा हो रही है।"

चूण्डा ने बैठकर अपनी जाँघ पर उसका सिर रख लिया, और कटार उसके वक्ष से निकाल दी। अँचली ने टूटते स्वर में कहा, "महाराज के लिए मैंने अपने प्राण दिये, बड़ा पुण्य किया था मैंने।"

चूण्डा बुदबुदाए, "मेरे लिए तूने प्राण दिये, और मैं तुझे कुछ भी नहीं..." कहते-कहते चूण्डा का गला रुँध गया।

अँचली के मुख पर एक क्षीण मुस्कान आई, "देवता के प्राणों में ही तो मेरे प्राण हैं...बड़ी शान्ति है।" और तभी अँचली निश्चेष्ट हो गई।

इन सब बातों में चूण्डा को पता ही नहीं चला कि कब राजमाता उस कक्ष में आ गई थीं। उन्होंने गुणवती को कहते सुना, "गया राक्षस, गया!" घूमकर देखा, गुणवती साक्षात काली के रूप में हाथ में कटार लिये हुए अपने पिता के सिर पर लातें मार रही थी। और तब उसने रधिया का हाथ पकड़कर खींचते हुए कहा, "सिंहा कहाँ है? चल मेरे साथ, बता वह कहाँ है?" और वह रधिया को खींचती हुई पागल-सी उस कक्ष से बाहर चली गई।

अपने कक्ष में बालक सिंहा सहमा-सा रो रहा था। गुणवती ने चीखकर कहा, "मेवाड़ का राजा बनने आया था...!" और कटार लेकर वह सिंहा की ओर झपटी। उसी समय रधिया उसके चरणों पर गिर पड़ी, "नहीं महारानीजी, उस अबोध को नहीं!" और उधर सिंहा भय से चीख उठा।

अँचली का निर्जीव शरीर छोड़कर चूण्डाजी सिंहा के कक्ष की ओर दौड़े। रधिया को ठुकराने में गुणवती को कुछ विलम्ब हुआ, तब तक चूण्डा द्वार पर

पहुँचे गए थे। गुणवती कटार तानकर सिंहा पर प्रहार करने ही वाली थी कि चूण्डा ने गरजकर कहा, "नहीं राजमाताजी, यह नहीं होगा।"

और गुणवती का हाथ ऊपर उठा ही रह गया और कटार हाथ से छूटकर भूमि पर जा गिरी। मुड़कर गुणवती ने चूण्डा को देखा और टूटे स्वर में बोल उठी, "आपने मुझे बचा लिया—मुझे बचा लिया कुँवरजी!"

चूण्डा ने गुणवती से कहा, "आप रनिवास के अन्दर जाइए। यह रात रक्तपात, मृत्यु और विनाश की रात है। रणमल के साथियों को समाप्त करना है मुझे! इस वध-स्थल से इस अबोध और निरपराध बालक सिंहा और रधिया ले जाइए, यह आपका सगा भतीजा है। आप मुझे वचन दीजिए कि यह बालक सुरक्षित रहेगा।"

सिसकती हुई गुणवती बोली, "अपने वचनों के धनी देवता की आज्ञा का मैं पालन करूँगी...मैं वचन देती हूँ।" और सिर झुकाकर उसने रधिया से कहा, "चल मेरे साथ, रनिवास में सिंहावाला कक्ष अभी वैसा-का-वैसा खाली पड़ा है।"

"कल प्रात:काल मैं रनिवास में आकर आपसे मिलूँगा—मुझे अभी बहुत-कुछ करना है।" और चूण्डा तलवार हाथ में लिये हुए निकल पड़े।

उस समय तक चित्तौड़ में रहनेवाले राठौर सरदारों और सैनिकों को यह सूचना मिल चुकी थी कि राव रणमल तथा अन्य राठौर सैनिकों और सरदारों का सफाया हो चुका है। चूण्डा ने अपने सैनिकों को आज्ञा दी कि बचे हुए सैनिकों और सरदारों का वध न किया जाए, उन्हें निरस्त्र करके उनके सामने उपस्थित किया जाए। जो प्रतिरोध करे केवल उन्हीं का वध किया जाए।

कौन प्रतिरोध करता और किसके लिए प्रतिरोध करता? सारी रात इस निरस्त्रीकरण और आत्मसमर्पण में बीत गई। प्रात:काल के पहले ही यह काम समाप्त हो चुका था। बचे हुए राठौरों से चूण्डा ने कहा, "मैं तुम लोगों से बदला नहीं लेने आया हूँ। तुम लोग मेवाड़ के राणाजी की सेवा की शपथ लेकर वैसे ही रह सकते हो जैसे यहाँ रह रहे थे। समस्त वंशगत भेदभाव मिटाकर यहाँ रहना होगा। जो मेवाड़ में न रहना चाहे वह सिंहाजी के साथ मन्दौर जाने के लिए स्वतंत्र है। मैं उन्हें साथ लेकर परसों मन्दौर की सीमा की ओर प्रस्थान करूँगा। तुम लोग मरे हुए सैनिकों एवं सरदारों की दाहक्रिया की व्यवस्था करो।"

सब काम समाप्त करके चूण्डा रणमल के कक्ष की ओर बढ़े। अँचली के साथवाले भीलों को अँचली की मृत्यु की सूचना प्रात:काल ही मिल गई थी। वे सब

राजभवन के सामने उपस्थित थे। इस बीच चूण्डा ने स्नान करके अपने वस्त्र बदल लिए थे। उन्होंने गुणवती के कक्ष में जाने के स्थान पर स्वयं गुणवती को बुला भेजा। गुणवती के आने पर चूण्डा ने कहा, "राव रणमल ने जो कुछ किया उसका फल उन्हें मिल चुका, अब हमें और आपको अपना कर्तव्य निभाना है। रणमल का दाह-संस्कार करना है—उन्हें अग्नि देंगे उनके पौत्र सिंहाजी! और-और..." चूण्डा का स्वर काँपने लगा, "मुझे अँचली का दाह-संस्कार करना है, उसे अग्नि दूँगा मैं।"

चूण्डा ने बड़े प्रयत्न से अपने को सँभाला, "राजमाताजी, आप दिन में दरबार-कक्ष को साफ करवा के सजा दीजिए—आज संध्या समय राणा मुकुलजी का दरबार होगा। मैं स्वयं अपने हाथों से राणाजी का फिर से तिलक करूँगा। कल प्रातःकाल मैं रधिया और सिंहाजी को तथा मन्दौर के जो सैनिक वापस जाना चाहें उन्हें साथ लेकर मन्दौर की सीमा की ओर कूच कर दूँगा। कैलवाड़ा से मेरे परिवारवाले आज संध्या तक यहाँ पहुँच जाएँगे—मैंने वहाँ से चलते समय यह व्यवस्था कर दी थी।"

संध्या के समय राणा मुकुलजी का फिर विधिवत राजतिलक हुआ चूण्डाजी के हाथों। समस्त वातावरण बदला हुआ था, उन्मुक्त, आतंकरहित। नगर के श्रेष्ठी, चित्तौड़ में उपस्थित सामन्तगण, मेवाड़ के राज्य-कर्मचारी, सब मौजूद थे। राजमाता की गोद में राणा मुकुलजी थे।

दरबार समाप्त होने के बाद चूण्डाजी ने कहा, "कल प्रातः मैं अपनी सेना के साथ मन्दौर की सीमा के लिए रवाना हो रहा हूँ। जो राठौर सैनिक एवं सरदार मेरे साथ मन्दौर जा रहे हैं उनके और रधिया के हाथों में कुँवर सिंहाजी को छोड़कर मैं मन्दौर की सीमा पर से लौट आऊँगा और रान्ध्रा के लिए प्रस्थान करूँगा।"

राजमाता गुणवती ने विनय के स्वर में आग्रह किया, "कुँवरजी, आप यहीं वापस आकर रहिए—राणाजी की रक्षा का भार आप पर है, जब तक यह वयस्क नहीं हो जाते।"

चूण्डा बोले, "राजमाताजी, आपको स्मरण होगा कि आपने केवल संकेत किया था चित्तौड़ से मेरे चले जाने का, और तभी मैंने मन-ही-मन अपने को मेवाड़ से निर्वासित मान लिया था। लेकिन न जाने क्यों उस समय मेरे मन में आया था कि राणा मुकुलजी निरापद नहीं हैं—स्वयं आपके पिता ही उनके सबसे बड़े शत्रु हैं। मैंने वचन दिया था कि मैं राणाजी की रक्षा हर हालत में करूँगा। अपना वचन

मैंने पूरा किया, अब मेरी आवश्यकता यहाँ नहीं है। मैं अपने मन में सदा के लिए निर्वासित ही रहूँगा। आप मेरे आग्रह की रक्षा करें।"

सिर झुकाकर गुणवती बोली, "कुँवरजी, आप जैसा उचित समझें...मैं क्या कह सकती हूँ!"

दूसरे दिन प्रात:काल रधिया और सिंहाजी को साथ लेकर चूण्डाजी ने चित्तौड़ से प्रस्थान किया। राजमाता गुणवती चूण्डाजी को विदा करने के लिए स्वयं रनिवास से बाहर आईं। चूण्डाजी के हाथ में अँचली की अस्थियों की एक थैली थी जिन्हें वह पुष्कर तीर्थ में विसर्जित करने जा रहे थे। अपने घोड़े पर बैठने के पहले उन्होंने गुणवती से कहा, "आपके और राणाजी के प्रति मेरी समस्त शुभकामनाएँ हैं। आवश्यकता पड़ने पर मैं हमेशा राणाजी की सेवा में उपस्थित रहूँगा।" और इतना कहकर उन्होंने घोड़े पर बैठने के लिए कदम उठाया ही था कि एकाएक राजमाता गुणवती काँपते हुए स्वर में बोलीं, "कुँवरजी, आपको याद होगा, मेरे विवाह का नारियल आपके लिए आया था... लेकिन...लेकिन...मैं बड़ी अभागी हूँ।" और यह कहकर गुणवती ने अपना मस्तक चूण्डा के चरणों पर रख दिया।

चूण्डा ने तत्काल गुणवती को अपने पैरों से उठाया। एक हाथ में अँचली की अस्थियाँ थीं, और सामने खड़ी थीं राजमाता गुणवती—आँखों में आँसू भरे हुए। बाएँ हाथ से लगाम पकड़कर बिना कुछ बोले वह घोड़े पर बैठ गए—और उन्होंने अपना घोड़ा आगे बढ़ा दिया।

उपसंहार

बस, इतना ही—जहाँ तक युवराज चूण्डा के ऐतिहासिक महत्त्व का प्रश्न है, यह कहना कठिन है कि उन्होंने अपना अलग राज्य बनाया या नहीं। इतिहास में इसका उल्लेख नहीं है, इसलिए यह मान लिया जाए कि शायद नहीं बनाया।

समर्पण का जीवन—समर्पित अस्तित्व! नियति के क्रम में आदर्शों का ज्वलन्त स्वरूप! चूण्डा न दार्शनिक थे, न ऋषि थे। राजपरिवार में जन्मा हुआ वह व्यक्ति विश्व में आया, और न जाने कहाँ लोप हो गया! असीम साहस, अद्‌भुत रचनात्मक प्रवृत्ति! राव रणमल के चंगुल से मेवाड़ को मुक्त करना साधारण काम नहीं था। जहाँ तक स्वयं उनका प्रश्न था, उनके जीवन-मूल्यों का प्रश्न था, वह वज्र की तरह कठोर थे; जहाँ तक दूसरों का तथा दूसरों के जीवन का प्रश्न था, वह अत्यन्त दयावान और न्यायप्रिय थे! कहीं भी अपने को आरोपित करने की भावना नहीं, लेकिन अपने परिवार और आत्मीय जनों के प्रति अपने उत्तरदायित्व के मामले में अत्यन्त सजग।

चूण्डावत वंश की प्रशस्ति, उस वंश का गौरव चूण्डा के महान व्यक्तित्व के कारण ही तो है। चूण्डा का जीवन वस्तुत: कर्तव्यनिष्ठा एवं नितान्त समर्पण का जीवन था।

राजमाता गुणवती और भीलनी अँचली! दोनों ही ने जाने-अनजाने चूण्डा को अपना माना, अपने-अपने ढंग से। और बड़े निस्पृहभाव से चूण्डा ने दोनों ही को खो भी दिया।

इतिहास ने चूण्डा की कहानी में चूण्डा का हठ तो देखा, लेकिन वह हठ किन उदात्त भावनाओं का प्रतीक था, इस पर उसे ध्यान देने का मौका ही नहीं मिला।

चूण्डा की कहानी आदर्शवाद की कहानी है, नितान्त कुरूप यथार्थ के परिवेश में।

यथार्थवाद की परिणति व्यंग्य है—व्यंग्य अनास्था का ही एक रूप माना जाता है, शायद माना जाना चाहिए भी। मैं यहाँ व्यंग्य के क्षेत्र में बहक आया, लेकिन इस अनास्थाजनित व्यंग्य के पीछे जीवनी शक्ति से युक्त एक तरह की सद्प्रेरक भावना तो कहीं-न-कहीं है ही! वैसे मुझे लगता है कि अपने को समझ पाना मेरे लिए जरा कठिन है।

मैं चूण्डा के आदर्श के प्रति नत-मस्तक हूँ, सद् के प्रति अन्तरतम ही गहरी तहों में छिपी अपनी आस्था से विवश होकर! इस सत्य, अर्धसत्य और कल्पना से युक्त उपन्यास को लिखते हुए मैं ऐतिहासिक क्षेत्र में भटक आया हूँ। लेकिन यह भटकाव भी मुझे बड़ा प्यारा लग रहा है—जिन्दगी को मैंने एक भटकाव के रूप में ही तो देखा है!